李冰传

皮波人物国际名人研究中心　编著

国文出版社
·北京·

图书在版编目（CIP）数据

李冰传 / 皮波人物国际名人研究中心编著．-- 北京：
国文出版社，2025．-- ISBN 978-7-5125-1852-0

Ⅰ．K826.16

中国国家版本馆CIP数据核字第2024X5S795号

李冰传

编　　著	皮波人物国际名人研究中心	
责任编辑	罗敬夫	
统筹监制	杨　智	
责任校对	周　琼	
出版发行	国文出版社	
经　　销	国文润华文化传媒（北京）有限责任公司	
印　　刷	文畅阁印刷有限公司	
开　　本	880毫米×1230毫米	32开
	6印张	100千字
版　　次	2025年3月第1版	
	2025年3月第1次印刷	
书　　号	ISBN 978-7-5125-1852-0	
定　　价	59.80元	

国文出版社

北京市朝阳区东土城路乙9号　　　　　　邮编：100013
总编室：（010）64270995　　　　　　传真：（010）64270995
销售热线：（010）64271187
传真：（010）64271187-800
E-mail：icpc@95777.sina.net

李冰（生卒年不详），战国时水利家。约秦昭王五十一年（前256年）至五十六年任蜀郡守。

征发民工在岷江流域兴办多项水利工程，以都江堰最著名，近两千三百年来在川西平原，效益卓著。

又主持凿平青衣江的溷崖（在今四川夹江境），治导什邡等县的洛水、邛崃等县的汶井江，并穿广都（在今四川双流境）盐井诸陂池等工程。

目　录

第一章

李冰与都江堰

俯瞰都江堰渠首工程 （据中国给水排水官网）

概　述

　　左页图是从西北向东南方向俯瞰都江堰渠首工程。河道中心的人工堤坝，就是著名的鱼嘴分水堰，也叫分水鱼嘴。它把上游来的岷江水一分为二。画面右侧是外江，左侧是内江。由于分水鱼嘴的巧妙设置，能使内江的水位略高于外江。内江远处逐渐消失的地方，就是著名的宝瓶口。岷江水从那里进入成都平原。

　　李冰，是战国末期秦国派到蜀地的郡守。蜀地，就是现在四川成都一带。郡守，是当时地方上的最高行政长官。李冰在郡守任上，率领蜀地人民兴修了位于灌县，就是现在的都江堰市的都江堰水利工程。这个工程，利用自然地形、河道和河流自身的特性，驯服了来自四川西北部的岷江的河水，使它无论在枯水期还是丰水期，都能满足人们生产和生活的需求，既能抑制洪水泛滥,又能巧妙避免河床泥沙淤积。这个工程,不仅是我国最著名的古代水利工程,也是世界闻名的古代水利工程。尤为可贵的是,经过历代堰区官员与河工的维护和改进,都江堰至今仍在发挥作用,造福四川人民。

巴蜀地区水文和古史

巴蜀地区,江河众多是其最明显的地理特点。整个巴蜀地区的形状,就像一片残缺的桑叶。众多的水系网,犹如桑叶上的叶脉。巴蜀西部和东部粗大的主叶脉是著名的金沙江和长江。

主脉的北面,分布着众多曲曲弯弯的像叶脉一样的水系,从西到东,分别是雅砻江、大渡河、岷江、沱江、涪江、嘉陵江、渠江等。

主脉的南面,枝枝杈杈的是乌江及其支流。这众多的叶脉又向周围衍生出许许多多细小的支脉。

主脉的西南,金沙江、雅砻江、大渡河从川西高原上奔流而下,人们把它们称作是三条金色的大江——金沙江。这三条大江,不仅仅是流动的江水波光粼粼,金光耀眼,更重要的是,它们所流经的地区分布着许多金矿。

在巴蜀水系网中,与李冰和都江堰关系最大的是岷江水系(图1)。岷江是长江上游水量最大的一条支流,发源于岷山的弓杠岭和郎架岭,古时称汶江、导江,以"岷山导江"而得名。全长735公里,流域面积14万平方公里,全江落差3560米。这条出自岷山的河流,经过松潘和汶茂,再从崇山峡谷中一直奔流到成都平原的顶端——灌县。灌县现在叫都江堰市,是成都平原的西北边缘的天然入水口。岷江在蜀中盆地蜿蜒前进,一直到达乐山脚下,之后它们汇集成大渡河水,浩浩荡荡地奔向宜宾,汇入长江的洪流之中。

岷江的分段,以都江堰和乐山为界。都江堰以上为上游,有黑水河、杂谷脑河等。都江堰至乐山段为中游,有都江堰灌区的黑石河、金马河、江安河、走马河、柏条河、蒲阳河等。乐山以下为下游,有青衣江、大渡河、马边河、越溪河等。

岷江最大的一条支流,是下游的大渡河,全长1150公里,比岷江正流还长415公里。大渡河古称沫水。因为它是岷江最大支流,所以古人有时也以沫水代称岷

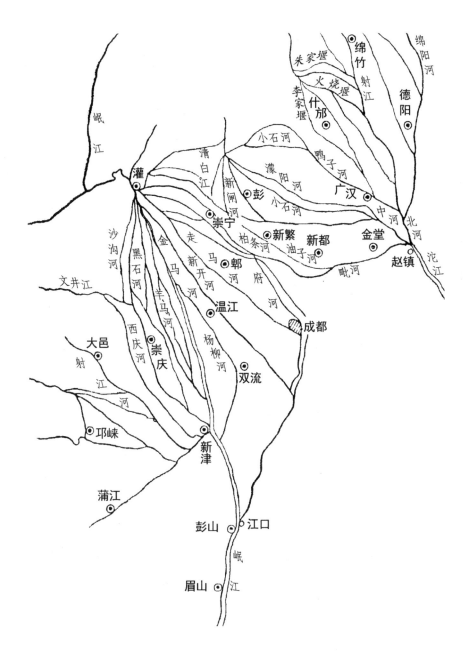

图1 成都平原水系示意图。（据1959年版《李冰和都江堰》）

江。现代著名文学家郭沫若名字中的"沫",就是指沫水,即大渡河;"若",是指若水,即青衣江。

岷江水系中与李冰和都江堰关系最大的是中游段。这一段流经成都平原地区,与沱江水系及众多人工河网一起组成都江堰灌区。成都平原,就是由岷江和沱江以及它们的支流经过长期冲积而形成的。

沱江发源于龙门山西南支的九顶山,由湔江、石亭江和绵远河三股水流汇集。它从金堂的赵家渡出发,穿过金堂峡谷,进入蜀中盆地,流经七百多公里,到达泸州,最后汇入长江。

巴蜀地区的河流名字,古今不同,变化很大。同一个河名,在不同时期指不同的河。沱江就是例子。现在的沱江,最早叫洛水,后来叫中江,清代以后才叫沱江。古时也有沱江这个河名,是指蜀国人开明兴建的一条人工河,现在叫"沱江故道"或"江沱故道"。许多著名的史书,对巴蜀地区河流和河名的记载都有错误。

巴蜀地区有古老历史和文化。这里不仅地理复杂,而且民族的组成也非常特殊。比较典型的三星堆文化遗址就反映了这个特征,至今还没有得出一个公认的考古结论。

早在几万年之前的旧石器时代,巴蜀地区就已经出现了人类活动的足迹。到了距今约五千年的新石器时代,这里就已经出现了许多氏族部落。不过,巴和蜀分别作为早期的国家出现,则是在殷末周初的时候。有古书记载,当时这两国的军队曾经参与了周武王讨伐殷纣王的战争。

在巴地,早期的巴人以狩猎、捕鱼为生,以石穴居,以虎为图腾。巴人的后裔建立了以江州,也就是今天重庆的江北地区为中心的巴国。巴国形成于公元前11世纪的西周初期,灭亡于公元前316年的战国中期,约有八百年历史。战国时期,巴国"其地东至鱼复,西至僰(bó)道,北接汉中,南及黔涪"。其辽阔的疆域包括了后来的重庆全境、湖北恩施、川东北部等地区。公元前316年,秦国攻克巴国全境。同年,秦国将巴国君臣掳往了咸阳。秦惠王派张仪在江州筑城,设置了巴郡,把巴地纳入了秦国的版图。

在蜀地,最早的蜀王是蚕丛氏,他当时统领的氏族部落生活在岷山之中,饱受不断发生的水灾之害。蚕丛氏这个名字与提倡人民植桑养蚕、纺麻织布有关,据说他曾把自己养殖的优良蚕种分发给百姓,蜀地的织物一直到近代仍十分出色,其历史可以追溯到蚕丛氏。

公元前11世纪,周王室册封杜宇为蜀王,准予建都立国。于是,蜀王率领蜀人从茂汶盆地东迁至广汉平原,在今天的成都市一带建立了蜀国。1934年华西大学正式开始发掘的三星堆文化遗址,就属于古蜀国一个古城遗址。从蚕丛氏建立古蜀国开始,经历了望帝杜宇建立的杜宇王朝,到蜀王开明氏瓦解,古蜀国共有十三位君王,前后历七百多年。

古蜀国的地理形势相对独立,《华阳国志·蜀志》形容说:

　　（蜀地）乃以褒斜为前门;熊耳、灵关为后户;

　　玉垒、峨眉为城郭;江、潜、绵、洛为池泽;以汶山为畜牧,南中为园苑。

在被秦国占领前,蜀国已经有相当深厚的文化和物质积累。在某些方面,甚至不输中原文明。

蜀国最繁荣的时期,是蜀国开明王朝时期,大约在公元前6世纪到公元前3世纪。据推测,开明王朝的第一任首领叫开明,原是杜宇王朝的相,因治水有功,取代了古蜀国的"望帝"杜宇,称为"丛帝"开明王。开明王传到九世时,曾向北扩展,"蜀王有褒、汉之地",其范围包括后来的汉中、南郑等地,并移都成都。这时的蜀国,不仅是巴蜀地区以及西南许多小国和部落的控制者,甚至还能与相邻的楚国和秦国相抗衡。

开明王朝的繁荣主要得益于蜀地丰富的物产。这里河流纵横,土地肥沃,气候宜人。岷江带来丰沛的水资源,加上成都平原的沃土,为古蜀国发展农业与畜牧业提供了极大的便利,促进了人口的繁衍。

古蜀国盛产菽、稻、黍、稷。各种谷物果木自然生长,各季节都有收获。《华阳国志·蜀志》说:

其山林泽渔,园圃瓜果,四季代熟,靡不有焉。

古蜀国还具有非常丰富的矿产资源和生物资源,《史记·货殖列传》说:

巴蜀沃野,地饶……铜、铁……之器。

《华阳国志·蜀志》说这里的矿产资源有:

璧玉、金、银、珠、碧、铜、铁、铅、锡、赭、垩……

2001年2月,成都市青羊区金沙村在基建施工时,发现了一处大型文物遗址,出土了很多金器、玉器、铜器和陶器,还发掘出大面积的獠牙、鹿角、象牙等,遗址面积近三平方公里,被称为金沙遗址。其中的象牙数以吨计。

到战国时代后期,蜀国在与楚国和秦国的长期战争中,屡屡失策,错失战机,最终于公元前316年,被秦吞并。

　　古代巴蜀地区的文明与同时期的中原文明遥相呼应，印证了长江流域和黄河流域都是中华文明的摇篮。

蜀国的衰落

秦国战胜并占领蜀国,不是一蹴而就的。被占领前,蜀国与秦国长期处于打打谈谈的状态。开始时,秦国还没有后来那样的优势。他们在面对共同的强敌楚国时,蜀国还曾一度占有优势。

蜀国以汉中盆地为根据地,在与东面的楚国交战中,依据长江上游的地理优势,兼集兵甲战船之长,数度击败楚军。还曾攻城略地,夺取了楚国的部分领土。

当时的秦国,由于实力有限,对于强盛的蜀国也无可奈何,虽有图谋之心,但可望而不可即。精于心计的秦王审时度势,对蜀国采取了既打压又拉拢的外交政策。在秦国妄想扩张领土的同时,蜀国也在想方设法吞并秦国。

经过多次交战,秦兵"耐苦战"的实力抑制了蜀王向东扩张的雄心,秦国的西南边境因此安定了一段时间。这就给了秦国休养生息,发展军事和经济实力的机会。

秦孝公即位之后,大力实施变法改革,秦国的实力日渐强盛。公元前337年,秦惠王即位,他秉承孝公的志向,继续改革。从此,秦国的经济和军事实力得到了空前发展,一举成为诸侯国中的军事强国。公元前325年,秦惠王即位,立下统一天下的宏伟志向。从此后,历代秦王均以统一天下为国策。几代秦王在励精图治,强军强国的同时,一直在迷惑蜀国。他们多次派使者入蜀与之通好,且每次都给蜀王送去大量的礼物。这种手段十分奏效,蜀王麻痹了,盲目认为秦国畏惧蜀国的强大,对蜀国不再构成威胁。于是,蜀王就将自己军事力量大批投入与巴国的战争之中。连年的征战,使蜀国的实力日渐削弱,有时不得不向秦国求助。这就为后来引狼入室、自取灭亡埋下了祸根。

秦国强盛后,先是试图向东扩张,受到重重阻碍。中原诸侯面对强秦咄咄逼人的气势,都联合起来与其抗衡。一时间秦国举步维艰,收效甚微。恰好在此时,蜀国发生了内乱。巴国想趁火打劫,派人找秦惠王帮忙。巴国的请求并没有引起秦惠王的重视。秦将军司马错等人立即进言说:

> 其国富饶,得其布帛金银,足给军用。水通于楚,有巴之劲卒,浮大船以东向楚,楚地可得。得蜀则得楚,楚亡则天下并也。

意思是说:蜀国很富饶,我们得到他们的布匹、锦帛、金银,足够满足军用。蜀国的水路下游通楚国,我们可以借用巴国的兵力,乘船向东掠取楚国。只要我们打下蜀国,楚国也就成为囊中之物,楚国一旦灭亡,天下就都是秦国的了。

于是,秦国及时调整了战略,决定先向西进,向早就垂涎不已的巴蜀开刀。先取得巴蜀,扩大版图,利用巴蜀丰富的自然资源作为夺取天下的战略基地。

虽然秦国吞并巴蜀的决心已下,但表面上还在通过外交手段,利用巴国和蜀国的矛盾,消除蜀国的警觉。巴、蜀两国仍然陷于无休止的战争中,他们都幻想能够借助秦国的力量消灭对方,甚至同时向秦国派遣使者求援。秦惠王收到两个国家的求援后,便与群臣商议,他认为这是天赐良机,应该速作决断。

公元前316年秋,秦惠文王更改纪元后的第九年,秦国一举攻占蜀国,然后挥师巴国。秦惠王派遣张仪、司马错和张若等人率领秦军进攻蜀国。结果不到三个月的时间,巴蜀地区就被全部攻占。占领蜀国之初,秦曾贬蜀国为侯国。公元前306年,秦昭王继位。五年后,司马错平定了蜀侯叛乱,废除蜀侯,蜀地正式划入了秦国郡县制体系。秦国在巴蜀北部设置汉中郡,在蜀地设置蜀郡,在巴地设置巴郡。

据说蜀国灭亡之后,开明王朝的一些余部不甘心臣服于秦统治,还进行了数十年的反抗。反抗无果,就逐步退入川西和川南山区。有一支开明王朝余部,历经半个世纪左右,辗转到达了交趾,打败了当地的部族,建立了"瓯骆国"。这股势力一直坚持到西汉高后统治时期,才被南越王所灭。

秦国占领蜀国,就是基于"得蜀则得楚,楚亡则天下并矣"这个战略目标。这句话记录在晋代人写的《华阳国志·蜀志》中。在真实的历史中,这句话不一定出自秦国将军司马错之口,但是,秦国要把蜀地经营成统一中国的战略基地是事实。秦昭王继位后,开始了对蜀地不遗余力的建设。推行郡县制,"移秦民万家实之",在蜀地推广先进的生产工具和技术,促进当地的生产发展。

但是,蜀地的自然条件有一大缺陷,就是经常发生严重的水旱灾害。治理蜀地水患,是秦征服楚国,进而完成统一大业需要优先解决的问题。这是在蜀地兴修大型水利工程的政治需要。在李冰之前,秦国派出的蜀郡太守是张若。张若在军事方面取得了一些成绩,但是没能解决当地水患。秦国继而派出李冰,接替了张若的职务。南宋人写的《蜀鉴·秦人取蜀》说:

初置守张若而定黔中,继用李冰,始平水害。

　　李冰没有让秦国失望,他建成了都江堰水利工程。蜀地果然像先前秦国政治家们预见的那样,成了富饶的战略基地,秦国的国力进一步加强。都江堰建成七十年后的公元前 221 年,秦国实现了统一中国的大业。

古时蜀地水患治理

四川之所以有"天府之国"的称号，就是因为兴修了都江堰。在都江堰建成以前，蜀地非涝即旱。古书有时称之为"泽国"，有时称之为"赤盆"。

发源于四川西北山区的岷江，上游在崇山峻岭中穿行，山高谷狭，河床陡峭，水流湍急。流到灌县，进入了宽广的成都平原，河床坡降骤减，水流速度忽然缓慢下来，造成了大量沙石在河床沉积。天长日久，淤积的河道疏导江水受阻，河水很容易溢出堤岸。每到雨季，山洪暴发，成都平原顷刻间变成水泽之国，就是古书所说的"泽国"。雨季一过，蜀地又经常干旱无雨，变成火热的盆地，就是古书所说的"赤盆"。

清代灌县举人陈炳魁在一首诗中，这样形容古代蜀地的水患：

我闻离碓(duì)未凿前,大江茫茫水一片。

奔流直泻下西南,郫(pí)下每闻吾鱼叹。

诗中的"离碓",现在也写成"离堆",就是都江堰工程中的人工引水渠"宝瓶口"所在的山体,是都江堰工程的重要组成部分,据说也是李冰到来后最先施工的部分。郫下,指岷江分流向东最先经过的郫县(今成都市郫都区)及以下地区,这是都江堰兴修前水患最严重的地区。都江堰建成后,控制了岷江的东行流量,郫下地区受益最大。

陈炳魁的诗,最后一句是"郫下每闻吾鱼叹"。"吾鱼叹"是一个典故,出自春秋时期一位国王对禹的缅怀。那位国王曾感叹说:"如果没有禹,我们早就成了鱼了!"后人把这个感叹简称为"吾鱼叹"。李冰是古代真实存在的治水英雄,诗人用更早的传说中的治水英雄禹来比喻他,赞美他。

据说禹是黄帝的后代,出生在四川汶山石纽地区。《三家注史记·夏本纪》引用《蜀王本纪》说:

禹本汶山郡广柔县人也,生于石纽。

又引《括地志》说:

茂州汶川县石纽山,在县西七十三里。

禹治水的故事发生在上古尧帝时期。那时,洪水泛滥成灾,淹没了庄稼和房屋,人们流离失所。尧帝决心消除水患,寻找能够治理洪水的人。有一天,尧帝把手下各部落首领找到身边,对他们说:"如今水患当前,百姓受尽苦难,我们必须把大水治住,谁能担此大任呢?"

部落首领们都推举鲧(gǔn),于是,尧帝就把治水的重任交给了鲧。鲧受命治理洪水,他采用了障水法,在岸边高筑河堤。河水水位越障越高,最后冲毁了河堤。鲧历时九年没能平息洪水,以失败告终。

后来,尧让位给了舜。舜革去了鲧的职务。舜主政后,遇到的首要问题还是治水。他同样征求大家的意见,再找一位能够治水的人。大家推荐了鲧的儿子禹。大家都说:"禹虽然是鲧的儿子,但是在德行、能力方面比他父亲强。"

舜并没有因为禹是鲧的儿子而轻视他,同意把治水的任务交给他。禹确实是一位贤良的人,他没有因为舜处罚了父亲而记恨在心,接受了这一任务。他说:"我的父亲因为没有治好水,给百姓带来了苦难。我会努力治水,造福百姓。"

治理洪水是复杂而紧迫的任务,舜又派伯益、后稷(jì)和大费协助禹工作。他们跋山涉水,风餐露宿,走遍了中原的山山水水。传说禹拿着准绳和规矩,走到哪里就量到哪里,掌握了许多地形和水道的数据。禹汲取了父亲只采用障水法堵截河水的教训,与大费一起发明了疏导治水的新方法,将水道疏通,使得内地的河水能够顺畅地东流入海。

禹在治水过程中,曾三过家门而不入。《孟子·滕文公上》说:

禹疏九河……八年于外,三过家门而不入。

后人推测说,他第一次经过家门时,听到了妻子分娩时的呻吟,他怕耽搁治水,没有进去。后来再次经过家门时,他的儿子在母亲怀中向他招手,他只是挥挥手,打了个招呼,就过去了。第三次经过家门时,他的儿子已长到十多岁,跑上前来往家里拉他,他对儿子说:"水未治平,不能归家。"

也有史书说,禹治理洪水用了十三年。在他的治理下,河水服服帖帖向东流去。昔日被水淹没的农田变成了粮仓,百姓筑室而居,过上幸福富足的生活。人们为了表达对他的感激之情,尊称他为"大禹"。

公元前6世纪前后,古蜀国的"丛帝"开明王也对蜀地的水患,特别是岷江的水患进行过治理,史书称"东别为沱",就是挖了一条用于岷江汛期排洪的人工河,现在叫"沱江故道"。《尚书·禹贡》说:

岷山导江,东别为沱,又东至于澧。

意思是说：从岷江开始疏导长江，向东另外分出一条支流称为沱江，又向东到达澧水。

但《禹贡》说这是禹的功绩。《禹贡》记载的可能只是一种建设规划，并不是实际已经完成的工程纪录。《蜀王本纪》和晋代的《华阳国志》记载了开明治水的事迹，北魏时期的《水经注》明确说：

江水又东别为沱，开明之所凿也。

但是开明开发的沱江故道，因为入水口选址不合理，后来被淤积荒废。

禹是夏朝的治水英雄，夏朝大约在公元前 21 世纪到公元前 16 世纪之间，目前还没找到有关的确切证据。开明王"东别为沱"，大约在公元前 6 世纪，目前也没有找到有关的确切证据。

李冰生活在战国后期的公元前 3 世纪。相对于战国后期之前的那些传说，史书中有关李冰事迹的记载，要详细些，但也不尽如人意。李冰的生卒年和籍贯，史书没有记载。记录李冰治水事迹的信史,包括《史记·河渠书》《汉书·沟洫志》《华阳国志·蜀志》和《蜀鉴·秦人取蜀》中的一些段落。这些信史都比较精确地记录到,李冰是战国后期秦国派到蜀地的郡守,具体的任职时间大约在公元前277—前250年前后,主要是在秦昭王统治时期。

李冰的身世

李冰生活在战国后期的公元前3世纪。

在李冰之前的战国时期,已经兴建过三大著名水利工程。它们是:

（1）芍陂(què bēi),淮河流域古陂塘灌溉工程。又名安丰塘。位于安徽省寿县南。楚庄王十六年至二十三年(公元前598—前591年)兴建。这个工程的河道和堤坝遗址都有迹可循,但灌溉效益已不明显。原址现在仅仅是淠史杭灌区的一个反调节水库。

（2）邗(hán)沟,即淮安到扬州的淮扬运河。这是中国最早开凿的人工运河,最早是公元前486年吴王夫差率人开凿的。后经历代修建,战国遗迹已荡然无存。

（3）鸿沟,最早沟通黄河和淮河的人工运河。魏惠王十年(公元前361年)开始兴建。修成后,经秦、汉直到南北朝时期,一直是黄淮间主要水运联络线。后因黄河改道,年久失修而荒废。其位置在河南省荥阳市。旧时鸿沟两侧的汉王城和霸王城遗址还在,已成为旅游景区。

加上李冰兴建的都江堰,合称战国四大水利工程。都江堰是战国时期最后兴建的水利工程,也是寿命最长的一个,直到今天还在发挥着不可替代的作用。

之所以详细列出之前的三大水利工程,是为了说明,都江堰的兴建并不是空穴来风,一枝独秀,它也是在继承和汲取前人治河、施工经验的基础上建造起来的。

有关李冰的详细身世,至今没有考证清楚,现在很多书籍和网络上的信息,只是一些传说和推测。

四川民间有一种传闻,说李冰的生日是农历六月二十日。每逢这一天,都有不少当地人到李冰庙去游览。以李冰为名义的庙,在四川有好几个,最著名的是都江堰市西门外的二王庙。清代人编辑的《历代神仙通鉴》说，李冰治水成功后不久就病死了。但没有说明具体时间，也没有说明根据。

李冰的籍贯也不能确定。近代学者的推论大致有三种。一种说李冰是四川人。一种说李冰是魏国人或韩国人。一种说李冰是陇西人。这些推论都没有确凿的史料和文物依据，很难成为定论。

近年，山西运城民间发现，当地李姓家谱上记述，李冰的故乡可能在山西西南部古代"解州"或"解梁"这个地方，就是现在运城盐湖区解州镇一带。这个家谱的序言说：

> 其始祖讳冰，又名季冰，号陆海。谥封金山顺泽侯。二郎，其子也。
>
> ……
>
> 秦时，冰为蜀郡郡守，见四川成都府属灌县都江堰口水患甚巨，因使其子二郎凿山导江，保全成都等县。蜀人德之，不惟家立冰像，且于都江堰庙

祀二郎为神。

这个家谱记录的最早祖先,是宋代晚期的一位族人。宋代之前的信息很少。据说在金代,解州曾为李冰父子立庙,现已不存。

李冰出任蜀郡郡守的具体时间,没有明文记载。有关史书有两种说法,一种是,在公元前306—前251年间的秦昭王统治时期。《水经注·江水》《舆地纪胜·成都府路·永康军》都引用东汉时的《风俗通》说,秦昭王以李冰为蜀守。另一种说法,是在公元前250年秦孝文王统治时期。《华阳国志·蜀志》说:

> 周灭后,秦孝文王以李冰为蜀守。

多数学者倾向认可前一种说法,因为《史记·秦本纪》说,秦孝文王只在位三天。

更重要的证据,是在秦昭王三十年(公元前277年)

的时候,李冰的前任张若还没有卸任。《史记·秦本纪》说:

> (秦昭王)三十年,蜀守若伐楚,取巫郡及江南为黔中郡。

学者还推测,李冰一直到秦孝文王继位时仍在职,甚至任职时间更长。理由是,都江堰这样繁重的大型水利工程,假如从公元前277年开始施工,以当时的技术条件推算,只用二十七年时间,到公元前250年秦孝文王统治时期能否竣工,是个问题。《华阳国志》的作者是东晋的史官常璩,江原人。江原就是现在的四川崇庆,与灌县紧邻。他对都江堰应该格外关注,又因为职务的关系,他能看到政府中保存的大量史籍,所以不能轻易否定《华阳国志》的记载。学者倾向于将李冰任职蜀守的时间下限,暂定在公元前250年,实际上也许还不止于此。

《华阳国志·蜀志》说：

（李冰）知天文、地理……至湔（jiān）氐县，见
两山对如阙，因号天彭阙。

湔氐县就是灌县。这是李冰任蜀守后，对都江堰
一带水道和地形进行的实地调查。近代编写的《都
江堰水利述要》形容都江堰一带的地形说，以岷江冲
积扇为主体的"成都平原，形如三角，以灌县为顶点，
而以金堂、成都、新津为底……在此平原内，除少数丘
陵外，别无起伏，坡度平均，逐步倾下，引水灌溉，至为
便利"。也就是说，灌县是分水的制高点。具体说，在
灌县的玉垒山，也就是现在的"宝瓶口"分洪引水最
为便利。

古蜀国的丛帝开明，为了治理岷江水患，也想到
了分流洪水的方法，但是选择的分水口在都江堰下
游马耳墩的江安堰，那里的地形不利于排沙，容易造
成河道淤积，所以都江堰建成后，沱江故道逐渐被废

弃了。《宋代蜀文辑存》中收录的《郫县蜀丛帝新庙碑记》说：开明治水后，"沫水淫流，沃野岁灾，民受其灾"。

古代的引水工程都是自流式，只能利用河水的天然落差、水量和流体动力，所以必须保证渠道有一定的坡降。现代水利专家评价说，开明治水违背了这一规律，将引水口设在灌县城西南十里处，偏离了冲积扇的顶部。使渠道"由西向东横穿岷江冲积扇脊梁，因此必然造成河道淤浅而水流不畅"。

李冰曾调查沱江故道，寻找淤积原因，决定废弃沱江故道和引水口，把引水口往上移到位于冲积扇顶部的灌县玉垒山，这样总渠道恰好处在冲积扇的最大坡降线上。

西汉时的司马迁，曾经利用奉使巴蜀的机会，亲临都江堰，"西瞻蜀之岷山及离碓"。经过实地考察，在《史记·河渠书》（图2）中清楚地写下：

于蜀，蜀守冰凿离碓，辟沫水之害，穿二江成都之中。此渠皆可行舟，有余则用溉浸，百姓飨其利。至于所过，往往引其水，益用溉田畴之渠，以万亿计，然莫足数也。

《汉书·沟洫志》的记述也大致如此。《华阳国志·蜀志》作了较详细的补充。根据这些记载，可以确定李冰主持修建的都江堰水利工程，包括"分水鱼嘴"和"宝瓶口"等主要工程及下游的一些渠道网（图3）。

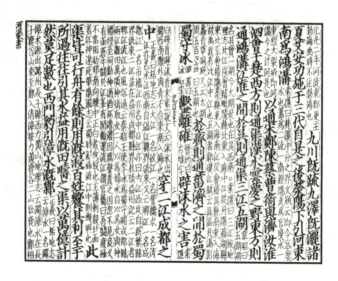

图2 《史记·河渠书》中有关李冰的记载

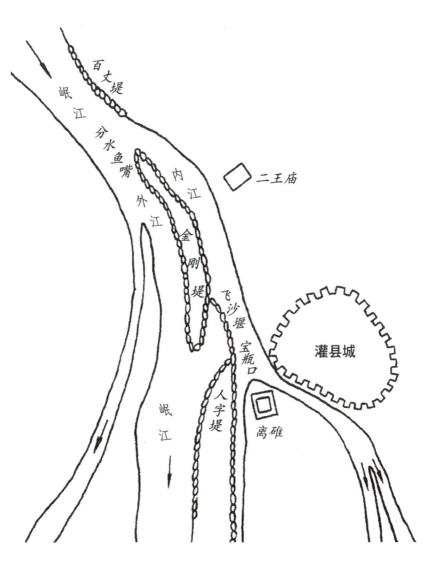

图3　都江堰工程布置示意图。（据《中国水利史稿》）

都江堰

1. 分水鱼嘴和飞沙堰

都江堰水利工程的关键工程,是在宝瓶口上游、岷江江心部位修筑的分水堰和飞沙堰。当地也把这个分水堰叫"鱼嘴""分水鱼嘴"或"都江鱼嘴"。都江,是成都江的简称。古代将岷江灌县段叫成都江。堰,就是较低的水坝。人工修筑的堰,通常是为了阻挡水势,提高上游水位,便利分流、灌溉和航运。都江堰这个名字始于宋代,是对都江段一组人工堰和玉垒山离碓人工引水渠等工程的统称。之前,都江堰曾叫"湔堋"或"湔堰"。堋,也是堤坝的意思。

都江鱼嘴这个分水堰将岷江水一分为二,形成了内江和外江。内江供下游人民生活和灌溉,外江主要用于泄洪和排沙，平时还能保证舟船航行。

分水鱼嘴的选址非常巧妙，从两侧河床的剖面（图4），可以看出，这个分水堰配合河方工程，起到了让河水"水旱从人"的奇效。外江一侧的河床底部坡度缓而浅，内江一侧河床底部的坡度陡而深，这样，水面高、水量大的时候，外江就会承载大部分过水量。水面低、水量少的时候，内江就会承载大部分过水量。后人把这种功效概括为：

分四六、平潦（lào）旱。

潦，同"涝"。意思是，当夏秋雨季，即潦季到来的时候，岷江来水水面高、水量大，经过鱼嘴时，自动将四成过水导向内江，进入宝瓶口，六成过水导向外江下泄。到了冬春时节，即旱季的时候，岷江来水水面变低，水量少，鱼嘴自动将六成过水导向内江，进入宝瓶口。

与都江鱼嘴这个分水堰相配合的辅助工程是"飞沙堰"，这是一个起溢洪排沙作用的低堰，堰体低于分

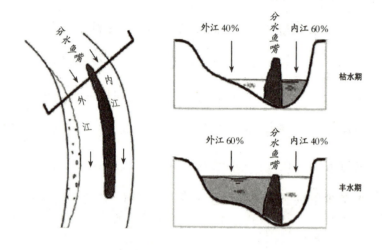

图4　分水鱼嘴两侧河床剖面图

水堰。在平时,它只是普通的顺水堤,引内江水入宝瓶口。在汛期,当内江水位超过内江灌区用水量时,过量的洪水连同泥沙,由飞沙堰溢出,泄向外江。这样既保证灌区不发生水患,又大大降低内江渠系的泥沙淤积。

飞沙堰的工作原理是利用了弯道环流产生的离心力。内江河道,从分水堰到飞沙堰,也就是进入宝瓶口之前,形成了一个弯道环流。因环流的离心作用,河水在凹岸一侧的水位较凸岸一侧高,这样河流上层流速最大的河流主流线并不与两岸并行，而是冲向凹岸（图 5a），形成横向的弯道环流（图 5b）。环流冲刷凹岸，并将冲刷下来的泥沙带过凸岸的飞沙堰顶，然后被内江溢出的水流冲出内江河床，极大缓和了由宝瓶口开始的内江渠系的淤积速度。弯道河床的形状也增强了排沙的功效。内江一侧的河床坡度陡峭，外江一侧的河床坡度平缓，水流撞击到陡峭的一侧时，产生的回旋，可以裹挟起相当质量的沙石，顺势卷出内河方向，向外河方向扬起，所以这个低堰被形象地叫作"飞沙"堰。在洪水期，这种环流的裹挟能力，可以扬起成吨的巨石。

同理，由于环流的离心力，最终将比重轻、比较纯净的水分流到内江方向，沿宝瓶口进入灌区，服务于下游的人民。

也有专家认为飞沙堰不是李冰兴建的，而是后来当地水官、河工完善和维护都江堰的产物。实际上，有关都江堰整个工程的许多细节，至今还在考证之中。

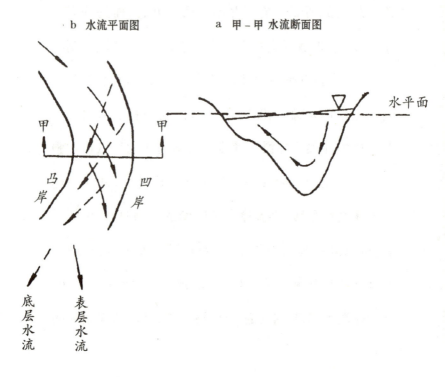

图5 弯道横向输沙示意图（据《中国水利史稿》）

2. 宝瓶口引水工程

岷江水经过分水堰到飞沙堰形成的内江,在一个叫"宝瓶口"的地方进入成都平原。宝瓶口是李冰带领人们在玉垒山山体上凿开的,古代也把这个工程叫"离碓"。《史记·河渠书》明确说:

蜀守冰凿离碓。

具体说，就是将灌县西玉垒山斜伸到岷江东岸的一段岩石，凿开了一个过水通道，因为这个通道的缺口形如瓶口，后人称为宝瓶口。

曾有学者认为，宝瓶口是李冰之前的治水者开明开凿的。也有学者认为，宝瓶口是天然形成的。但多数学者认为宝瓶口是李冰开凿的。《华阳国志·蜀志》曾提到"开明决玉垒山"。经学者考证发现，那个玉垒山，并不是现在宝瓶口所在的玉垒山，而是位于灌县以北岷江上游的一座山。现在的宝瓶口所在的玉垒山，最早属于"湔山"的一部分，汉代曾更名"虎头山""灌口山"，后因唐代在此建玉垒关，才更名为玉垒山。因此可以相信，《史记·河渠书》的记载没错。

经过现代实地测量，宝瓶口宽20米，高30米，长100余米。战国末期的蜀地已有铁器，但是只凭手工开凿山体，还是难以完成像宝瓶口这样巨大的劈山工程。为此，李冰发明了火爆法。《水经注·江水》明确记载：

崖峻阻险,不可穿凿,李冰乃积薪烧之。

山体被积薪烧热后,施工者再向受热膨胀的岩石浇水,岩石遇冷迅速收缩,于是破裂并剥落。用这种火爆法开山,简单易行,为后世所效仿。

宝瓶口作为用于灌溉和生活用水的进水口,其宽度大有讲究。水流进入这个狭长的引水渠时,因水面突然变窄,水流受阻,水位自然提高。来水越大越急,水位就越高,转而形成涌流和回旋流,这样就限制了洪水,不易大量流进狭窄的引水渠,只得随旋流回涌。内江水位上升后,超量的内江水可由飞沙堰泄入外江,而内江只流入足够灌溉农田的水量。同时,宝瓶口的顶托作用还能造成壅水,使内江水中裹挟的泥沙在这一带沉积,便于岁修时集中排除。壅水,是个水文名词,指水流受阻后产生的停滞,同时可以使局部水位升高。

宝瓶口这个坚固的岩石渠道,经历了两千多年岷江激流的冲击,一直有效地控制着岷江进入灌区的水量,同时发挥着引水和泄洪的双重作用。后人每到此处,都会对这个神奇的古代工程发出由衷的赞叹。

德国地理学者李希霍芬(Richthofen, Ferdinand von, 1833—1905),1872年实地考察了都江堰,赞叹道:

> 都江堰灌溉方法之完善,世界各地无与伦比。

他是把这个中国古代的神奇工程详细介绍到外界的第一个外国人。

英国科技史学者李约瑟博士(Dr. Joseph Needham, 1900—1995)和夫人在20世纪40年代考察了都江堰,称赞道:

> (都江堰)将自然、实用、理性和浪漫因素完美结合在一起。

李约瑟夫妇对四川的考察还有更多惊喜。其中之一是,成都地区很早就懂得利用地下天然气加热地下卤水取盐。这项技术可能也与李冰有关。

3. 竹笼充石和杩槎装置

在都江堰的兴建过程中,创造了许多施工方法和装置,这些成果对后世治水影响深远。其中比较著名的,是竹笼充石累堰法和杩槎装置。

竹笼充石累堰法,是用竹笼填充鹅卵石,制成一个个独立的模块,再沉入江中组成完整的坝体。都江堰工程中的鱼嘴分水堰体和飞沙堰体,都有用这种模块组成的部分。

发明和使用竹笼累堰法,是都江堰所在河床的地质特点决定的。都江堰一带的河床,淤沙和卵石堆积很厚。如用巨石筑坝,河床难以负荷。日久天长,必然会造成堰基下沉甚至堰面断裂。竹笼充石累堰法,不仅结构材料易得,附近盛产竹子和鹅卵石,施工便利,而且可以根据水量的季节变化,调整堰体的体积和形状,维护也简单。鹅卵石间的空隙,还可以过水,从而降低了水流对堰体的冲击。竹笼充石累堰法,一直是后人维护和修整都江堰一带堰体的主要办法。这个办法,对于临时修建堤坝,应对突发洪水,也特别有效。

修筑都江堰早期所用的竹笼,是用坚韧的白甲竹编织的。白甲竹在灌县以西漩口一带的山中遍地生长,每年由官府派工砍伐,水运至灌县,以供工程之用。后来,编制竹笼的原料逐渐用灌区盛产的慈竹替代,其质地虽不如白甲竹,但供应充足,且价格低廉。竹笼有蛇皮笼、三角笼(也叫尖角笼)、灶圈笼、铺盖笼等多种类型,灌县人多会编织,可以及时、充分地满足工程的需求。

分水堰之所以叫"鱼嘴",就是因为这种竹笼组成的坝体像鱼头的嘴部。迎着水流方向放置的竹笼,最后要堆砌成前低后高、头尖尾宽的鱼头状。鱼嘴前端还要竖埋几道木桩,以便减缓水势,防止漂浮物的撞击。近代以前,从都江堰上游采伐的原木,都是漂运到都江堰一带的,它们对堰体的撞击非常严重而频繁。

因为竹笼充石累堰法的简便易行,对之后各地的河防工程产生了深远影响。汉成帝时,就有治水官员

分水鱼嘴结构图

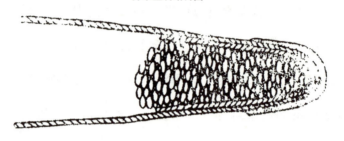

竹笼示意图（内装卵石）

杩槎结构图

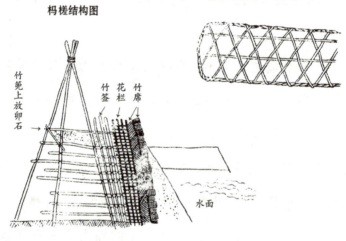

竹笼上放卵石

竹签

花栏

竹栏

竹席

水面

图6　鱼嘴、杩槎、竹笼结构示意图。（据1959年版《李冰和都江堰》）

按照这个办法,成功堵住了黄河决口。《汉书·沟洫志》说:

> 河堤使者王延世使塞,以竹落(即竹笼)长四
> 丈、大九围,盛以小石,两船夹载而下之,三十六
> 日,河堤可成。

这里记载的是,成帝建始四年(公元前29年),东郡金堤决堤。金堤,即千里堤,在今河南浚县西南。到建始五年,最后完成堵坝截流的治水官,就是生长于蜀地的王延世。

那次黄河大堤决口,一下淹没了从河南到山东的四郡三十二县的十五万顷土地,形势十分危急。汉成帝闻讯非常焦急,先是令御史大夫尹忠火速堵口。尹忠调集了大批人力物力,夜以继日地强堵缺口,但不成功,水势越来越猛,缺口越来越大,又导致许多地方受灾。尹忠害怕成帝责怪,百般无奈,只好自杀谢罪。

图7 正在都江堰河滩上编制竹笼的河工。中景是编好的竹笼。
1934年庄学本摄

汉成帝急得手足无措,只好焚香祈祷,乞求天降贤才。建始五年(公元前28年),初春,钦差大臣推荐了四川资中人王延世,于是成帝命其为"河堤使者",令其总督堵泄工程。

蜀人王世延,深谙竹笼截流法的妙用。在这次堵塞黄河决口的工程中,他成功地运用了竹笼充石累堰法,率众编织了许多长长的竹笼,充填碎石,用船装载着,在大堤缺口的两端投入水中。经过上万人三十六天的施工,终于修复河堤,堵塞决口。捷报传来,汉成

图8　1934年，金溪决口后，河工正在组装杩槎，准备搭建临时围堰。庄学本摄

帝大喜过望，三月，颁下圣旨，把年号改为"河平"。又封王世延光禄大夫职，每月俸禄谷米两千石，赐爵"关内侯"，赏黄金百斤。

"杩槎（mà chá）"，有时也写成"杩杈"，又叫"闭水三脚"或"木马"，是一种人工组合坝体的支撑装置，结构类似一个三脚架，安装或移动都很方便。有史书说，这种装置也是在修建都江堰的过程中发明的。

每一组杩槎由三根木桩交叉支撑，用竹索捆扎固定。然后用一系列这种三脚架排成一排，用装满鹅卵石的竹笼把杩槎的脚压住,再在迎水面铺上竹席,竹席外面加筑土石材料,就可以挡住水流了。直到近代,内外两江进行整修的时候还在用杩槎截流,整修期间的导水灌溉也用杩槎组成临时坝体。

具体说,杩槎的三脚架,称作"杩脚料"。最初制作杩槎的木料采用桤木、麻柳等硬木,后来多用杉木代替。迎水面的两根杩脚形成的面,叫"罩面"。背水面的一根杩脚叫"箭木"或"箭头木"。三根脚料的上端叫"杩脑顶"。在脚料的二分之一高处加绑横木,称"盘杠",以固定三根杩脚之间的角度,并作为压盘的基座。盘杠上加捆的横木,叫"压盘木"。再在压盘上压置"竹笼",盛满卵石以压重,稳定杩槎,防止被水的浮力和冲击力所倾覆。

杩槎的拦水部分,是在其"罩面"前依次安装檐梁、签子(也叫签子木)、花栏、竹笆和竹席等,最后加筑土石,拦截水流。檐梁是罩面间相互连接的横梁,俗称"顺木";下面靠近河底的顺木称作"海底木";上面高出水面的一根顺木称作"面子木";与水面齐平的顺木称作"浮水木";檐梁外竖向排列的木棍称作"签子木"。

紧贴签子外侧铺设一层方眼竹篾,叫"花栏",类似基础龙骨。其外加装竹笆和竹席。竹笆和竹席都起衬托和固着土石的作用。竹席就是竹簟,网眼比较密。最后在竹席外侧固着土石拦住水流。

为了防止檐梁受力过大,发生变形和断裂,还要在杩槎的背水面安设木料作支撑,称为"撑子"或"驮子"。一般设置上下两排。上排的撑子设置在与上游水位齐平的部位,下排撑子则设置在与下游水位齐平的部位。撑子的数量多少,视水深和流速而定,多则五六根,少则两三根不等。

一组杩槎称为一栋。后人推测,当初在鱼嘴分水堰截流施工时,内江河口放置了六十余栋杩槎,外江河口放置了五十余栋杩槎。

杩槎的安装放置有一定的规范程序,经历代沿革改进,日趋完善。它的拆除十分便捷,只需砍断杩脑顶上捆绑着的竹索,再用大绳拉倒就行了。解体的木料可以直接淹在水中保存,木料可以重复使用,不仅节省材料成本,也节省了施工成本。

竹笼充石累堰法和杩槎截流法,是两项简便易行的治河工程技术,后来被推广到江南广大的产竹地区,一直为后人所借用。

古书上曾把杩槎组成的堰体叫"楗(jiàn)尾堰"。楗,原指一种挡门的木结构装置,就是用木棍竖插在横向的门闩上,锁住门闩,使其无法拨开。因为早期的都江堰工程中的部分堰体就是用"楗尾"加竹笼填充卵石构成的,所以古人也把都江堰称为"楗尾堰"。成书于9世纪初的《元和郡县图志》说:

楗尾堰在县西南二十五里,李冰作之以防江决。破竹为笼,圆径三尺,长十丈,以石实之,累而壅水。

4. 下游渠道网和李冰石像

从鱼嘴到宝瓶口,可以算整个都江堰工程的渠首工程。在兴建渠首工程的同时,李冰还主持建造了都江堰下游的渠道网。

《史记·河渠书》说李冰"穿二江成都之中"。《皇朝郡县志》说:

> 初,太守凿离碓,又开二渠:由永康(今灌县)过新繁(今新都)入成都,谓之外江;一渠由永康过郫(即郫县)入成都,谓之内江。

《灌记初稿》也说:

> 李冰穿二江,双过郡下,今为走马河、柏条河。

都提到了"二江"。

这里所说的二江,指郫江和检江。郫江是原内江故道,也叫柏条河,成都江,中江。检江就是南河,也叫走马河。走马河原在灌县马耳墩从岷江分水,就是传说中开明修建的沱江故道,李冰建都江堰时改由宝瓶口进水。南河从进水口至郫县两河口一段叫走马河,两河口以下现在叫清水河,流入成都市郊后叫锦江。这两条人工河都是从都江堰渠首分出,由西北而东南方向大致平行而流。二江双流都在成都城南,双流县的名字由此而来。二江开通后,成为成都与外界交通的黄金水道。二江之间的狭长地带,商贾云集,城市中的商业贸易区从这一带越出城池,发展到城外,形成了成都的"南市"。二江双流城南,之间夹着南市,就像两条垂着珠链的耳环挂在南市的两边。因此扬雄《蜀都赋》说"二江珥其市"。

李冰主持修建了都江堰下游的哪些水利工程,史书没有专门的记述,只零星散见于一些相关史志和古代笔记中,且工程的细节多不可考。根据现代学者的梳理和考证,分列如下:

(1)导洛通山,治理瀑口和洛水。李冰"又导洛通山,洛水或出瀑口,经什邡、郫,别江,会新都大渡"。这是一条引水灌溉今石亭江以南今什邡、方汉、新都等县的堰渠,渠首为今高景关朱李火堰中的朱堰。石亭江古时曾叫洛水。

(2)穿石犀溪。李冰"外作石犀五头,以厌水精,穿石犀溪于江南,命曰犀牛里"。石犀溪即今成都新西门外到老西门外的西效河。石犀溪在唐时称浣花溪。

(3)导汶井江。李冰"又通笮(zé),通汶井江,径临邛(qióng)与蒙溪分水"。这是今三河堰灌区的前身。

(4)穿羊摩江。李冰"乃自湔堰上分羊摩江",羊摩江为今岷江西的沙沟河。

(5)绵水。"绵水出紫岩山,经绵竹入洛,东流过资中,会江阳,皆溉攘稻田,膏润稼穑。"这可能是在李冰指导下开凿的一个小型引水渠。

(6)凿平溷(hùn)崖、盐溉。盐溉,也叫垒坻。《水经注·沫水》说:

昔沫水自蒙山至南安西溷崖,水脉漂疾,破害舟船,历代为患。蜀守冰,发卒凿平溷崖,通正水道。

《水经注·江水》也说:

汉河平中,山崩地震,江水逆流,悬溉有滩,名垒坻,亦曰盐溉,李冰所平也。

详细的考证,可参见《中国史研究》杂志(1979年第4期)刊载的魏达议《成都平原古代人工河流辨解》一文。

这些渠道的开发和疏通,不仅灌溉了农田,也方便了水运交通。到汉代,岷山上丰富的梓、柏、大竹被采伐后,已可顺水漂流而下,蜀人可"坐致材木,功省用饶",极大促进了上游林业生产的发展。这些"皆可行舟"的渠道,还促进了成都平原各地间的联系,推动了经济的发展,使蜀地著名的织物和土特产品得以顺利运出贸易。

除了这些下游渠道,《华阳国志·蜀志》和《水经注》还记载了当地的一些传言,如说李冰在任时曾修过七座桥:

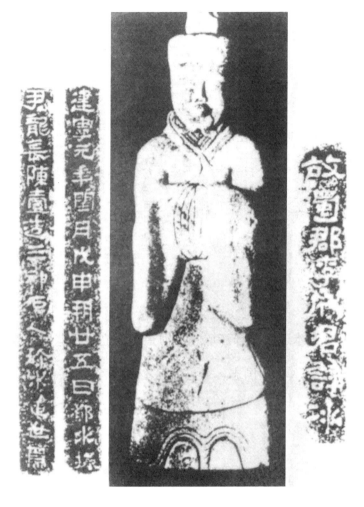

图9　东汉时期的李冰石像

　　1974年3月在都江堰安澜索桥下出土。石像高290厘米。胸前和两袖有题刻，分别是"故蜀郡李府君讳冰"，"建宁元年闰月戊申朔二十五日都水掾"，"尹龙长陈壹造三神石人珍水万世焉"。建宁元年是公元168年。都水掾（yuàn），是当时管理水利事务的官称，类似现在的水利局。"尹龙长、陈壹"：郡守又叫尹，龙长是郡守的名字；陈壹是都水掾长官的名字。

长老传言李冰造七桥，上应七星。

······

西南两江有七桥：直西门郫江中，冲治桥。西南石牛门，曰市桥。下石犀所潜渊中也。城南，曰江桥。南渡流，曰万里桥。西上，曰夷里桥，亦曰笮桥。从冲治桥西出，北折，曰长升桥。郫江上西，有永平桥。

李冰还曾在都江堰相关河道上设立过一些水文观测装置。《华阳国志·蜀志》说：

（李冰）于玉女房下白沙邮作三石人，立三水中。与江神要：水竭不至足，盛不没肩。

这个"要"是要求、约定的意思。这种石人，实际上就是当时的水尺，这是见于记载的最早的水尺。这种石人水尺，除了能测量水位外，还有预警作用（图10）。

石人肩和足的高程，相当于现代河流水文学中的警戒水位。当洪水位涨至肩的高程,就必须分水,否则下游渠系将发生涝灾;当水位降至足时,如不控制水位下降,则下游渠系水量将严重不足,灌区农田必然缺水,发生旱灾。当时的河水管理者已意识到,都江堰上游某处的水位和都江堰的过流量之间存在着一定关系。

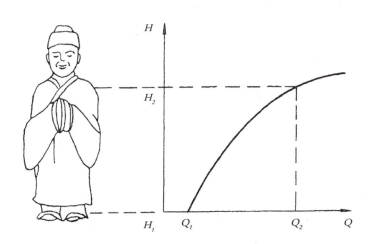

Q_1——灌区最低需水量; Q_2——保证灌区安全的最高引水量

H_1——灌区旱灾的警戒性水位; H_2——灌区涝灾的警戒性水位

图10 李冰石人所表示的水尺意义。(据《中国水利史稿》)

李冰发明凿井煮盐法

李冰不仅对蜀地的水利建设作出了重大贡献，他还开创了凿井煮盐法，结束了巴蜀盐业生产的落后状态，使蜀地成了食盐的输出地区。

李冰以前，川盐的开采处于原始状态，蜀地人民生活用盐普遍依赖天然咸泉和咸石。李冰任蜀守后，发明了凿井汲卤煮盐的方法。《四川盐政史》说：

> 四川省井盐始于秦代……（李冰）于广都穿凿盐井，其后历经汉、晋、唐、宋、元、明，逐渐推广，遂擅大利。

李冰是在疏导青衣江的工程中，发现了地下卤水。《华阳国志·蜀志》说：

青衣江又名沫水，石滩有盐溉，由李冰所平矣。

《水经注》说：

（江水）东南径南安县西，悬溉有滩……曰盐溉，李冰所平也。

"盐溉"就是天然的盐泉，也就是地下卤水在地表的渗出部分，也叫盐泉滩。但是最先发现的盐溉位于青衣江中的石滩上，如果就地围堰利用，有碍江水畅流，造成舟船航行困难，所以李冰为整治水道，平掉了这个盐溉。但是这个发现，引发了对盐井的开凿。《华阳国志·蜀志》说：

（李冰）又识齐水脉，穿广都盐井诸陂池，蜀于是盛有养生之饶焉。

"识齐水脉"的"齐"，是"剂"字的假借字。剂水，就是饱含有效物质的水,这里指含盐的地下卤水。广都,就是成都双流一带。

广都的盐井,是史书记载到的第一口盐井。秦代,蜀地境内至少有三个县发展了井盐业。到汉代,蜀地有井盐业的增至十八个县。广都的这口盐井的具体位

图11　盐井画像砖拓片

东汉时期画像砖。民国时期四川省邛崃市花牌坊出土。原砖现藏四川博物院。画面表现的是东汉时期的盐井和制盐场景。画面左侧是盐井上搭建的三层井架,架上装有辘轳,由四人操作,用缆绳上的容器提取地下卤水。井架最上层的右侧是储卤槽,槽下向右延伸的细线就是传输卤水的竹笕。画面右下方是煎熬卤水的灶台,灶上有釜,一人于灶口拨火,另一人弯腰在釜前取盐。山腰上的人在运输盐包。右上二人在持弓射猎。

置,已不可考,但是,成都一带出土的描绘井盐生产的汉代画像砖,为研究四川早期的凿井取盐技术,提供了形象的史料。

如何加热卤水获得盐,方法多种多样。晋代人编写的《博物志》记录到,蜀地人很早就懂得利用地下天

图12 盐井画像砖实物

这是成都市博物馆收藏的另一块汉画像砖的实物,构图和内容与上一张拓片相仿。在画面的中下部位正中,可以明显看到,翻山越岭输送卤水的竹笕。

然气加热煎熬卤水:

> 临邛火井一所……执盆盖井上煮盐,得盐。

　　现在的临邛古城位于成都邛崃,差不多就在古代临邛的位置。《博物志》没有说明这种火井煮盐始于何时,是否与李冰有关,尚待考证。

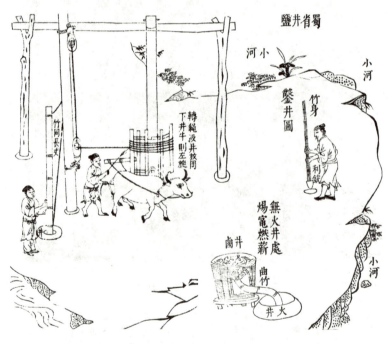

图13　《天工开物》描绘的四川井盐生产场景

成书于 17 世纪的《天工开物》专门有《井盐》一节，描绘了四川井盐的获取方法（图 13），同时更详细地记录了蜀地利用天然气加热卤水的细节，当地人已掌握利用管道输送天然气的技术。

《天工开物·作咸第五·井盐》：

凡滇、蜀两省，远离海滨，舟车艰通。形势高上，其咸脉即蕴藏地中。凡蜀中石山，去河不远者，多可造井取盐。盐井周围不过数寸，其上口，一小盂覆之有余，深必十丈以外，乃得卤性，故造井功费甚难。

其器，冶铁锥，如碓嘴形；其尖，使极刚利，向石上春凿成孔；其身，破竹缠绳，夹悬此锥。每春深入数尺，则又以竹接其身，使引而长。初入丈许，或以足踏碓梢，如春米形。太深，则用手捧持顿下。所春石成碎粉，随以长竹接引，悬铁盏挖之而上。大抵深者半载，浅者月余，乃得一井成就。

盖井中空阔，则卤气游散，不克结盐故也。井及泉后，捧美竹长丈者，凿净其中节，留底不去。其喉下安消息,吸水入筒,用长緪(gēng)系竹沉下,其中水满。井上悬桔槔、辘轳诸具,制盘驾牛。牛拽盘转,辘轳绞缠,汲水而上。入于釜中煎炼,只用中釜,不用牢盆。顷刻结盐,色成至白。

西川有火井,事奇甚。其井居然冷水,绝无火气。但以长竹剖开去节,合缝漆布,一头插入井底,其上曲接,以口紧对釜脐,注卤水釜中。只见火意烘烘,水即滚沸。启竹而视之,绝无半点焦炎意。未见火形而用火神,此世间大奇事也。

凡川、滇盐井,逃课掩盖至易,不可穷诘。

白话译文:

云南和四川两省,离海滨距离很远,交通不便利,地势很高,这两个地方的卤水就蕴藏在当地的地下。在四川离河不远的石山上,大多可以凿井取盐。盐井(内部)的圆周不过几寸,盐井的上口,用一个小盂便能盖上。盐井的深度,必须超过十丈,才能到达卤水层。因此凿井代价很大,要花费很长时间,很艰难。

凿井的工具,是经过冶炼的铁锥。铁锥的形状很像碓嘴(即舂米杵头砸米的部位),要把铁锥的尖端做得非常坚固锋利,才能用它在石上舂凿成孔。铁锥的锥身是用破成两半的竹片夹住,用绳缠紧做成的。每凿进数尺深,就要用竹竿把它接上一节,以增加它的长度。最初的一丈多深,可以用脚踏碓梢,就像舂米那样。再深,就用两手将铁锥举高,然后用力夯下去,这样可以把石头舂得粉碎,随后在长竹上捆上铁勺,把碎石掏出来。打一眼深井,大约需要半年。浅井,一个多月就够了。

如果井眼凿的过大,卤气就会游散,以致不能凝结成盐。当盐井凿到卤水层后,挑选一根长约一丈的好竹子,将竹内的节都凿穿,只保留最后的一节,并在竹节的下端安一个能吸水的机关,把卤水汲取到竹筒里。用长绳拴上这根竹筒,将它沉到井底之下,竹筒内就会汲满了卤水。井上安装桔槔或辘轳等提水装置。操作方法是套上牛，用牛拉动转盘带动辘轳绞绳，把卤水汲上来。

然后，将卤水倒进煎锅里煎炼。只用中等大小的锅，而不用牢盆。（牢盆，是古代普遍使用的专门熬盐用具，一种巨大的平底铁盘。）很快就能凝结成雪白的盐了。

四川西部地区有一种火井，非常奇妙。火井里居然全是冷水，绝对没有热气。将长长的竹子劈开，去掉竹节，再拼合起来，用漆布缠紧，一头插入火井底，另一头用曲管对准锅脐，把卤水接到锅里，就能看见像着火一样热烘烘的，卤水很快就沸腾起来了。可是打开竹筒看，绝对没有一点烧焦的痕迹。看不见火的实体而能用到火，这真是世间的一大奇事啊。

四川、云南两省的盐井，很容易逃避官税，难以追查。

李约瑟博士偕夫人李大斐（Dorothy Needham，

1896—1987）前往四川的重庆、成都、乐山、内江、自流
井等地考察，亲眼观看了当地用天然气加热卤水制盐
的神奇一幕。

自流井，是个地质名词，通常把地下水承压后自喷
到地表的甬道叫自流井。富含矿物质的地下水，包括
地下卤水，承压后喷涌出地表，都算自流井。但是李约
瑟"前往四川……自流井等地考察"的这个"自流井"，
是四川的一个地名，即现在的自贡市自流井区。李约
瑟后来在《中国科学技术史·四·第二分册》中对自流
井地区的盐业管道技术进行了专门介绍。在考察途中，
李约瑟在 1943 年 5 月 1 日晚写的一封信中说：

　　第二天我要去参观自流井的盐厂。在那里他
们使用天然气来浓缩盐水，干活时使用相当于欧
洲 16 世纪的技术。

李约瑟发表在《自然》杂志 1943 年第 152 卷的一
篇文章中又说：

现在来简略谈谈这个地区格外有趣的技术。中国的"自流井"（字面上的意思是"自动流动的井"。李约瑟原注）地区对当代工业化学家颇有激励作用。远在几世纪以前，就一般人记忆所及，这个地区就有了盐井。利用竹索悬着钻头的土施工法，大概需20年才能凿成一口井眼，产生各种卤液（黑色的、白色的和黄色的。李约瑟原注）。这些卤液含有不同成分，由一些私人工厂和一些国立资源委员会所属工厂运用现代方法，从中提炼出多种重要的盐类（如钡、硼、镁、锶、溴等的盐。李约瑟原注）……自流井地区在非工业化的国家与文明之中，俨然是一个工业区。这个盐海资源，在远离海岸的中亚所具有的重要性甚为明显。采盐的技术至今仍是原始的：一根竹索沿井而下二三千英尺之深，然后，再用牛驱动一个水平的巨大卷盘，以汲取井中之盐卤。但现时已逐渐应用蒸汽轮机与电动机代替牛车。还有一种不同寻常的景象，即伴随着卤液产生出大量的天然气，有许多大的炉灶，人们可以看到数百个熬卤锅，均燃用以管道运送的井中天然气，用来熬盐。更令人称奇的是，用竹笕将从盐井采出的卤水输送到数英里外的工厂。这些竹笕外围用竹条缠绕捆扎，再用石灰和桐油黏合加固，它们能承受每平方英寸80磅的压力。遗憾的是，竹子不能在城里用来供水，因为淡水会腐蚀竹子。

李约瑟的夫人李大斐的四川考察日记中也有类似的记录：

1945年1月16日……近自流井的地方看见了著名的竹笕，直径约为6英寸，沿路边伸展。经过柑橘和柚子林……然后去参观盐井。盐井约2500英尺深；不断注入水，盐卤用一个长的圆竹桶吊上来，圆竹桶底部有一个活门。老式方法可追溯到两千年以前，当时用大约6头水牛驱动一只平放的硕大的鼓轮……第二天，我们参观了一家用天然气蒸发盐卤的工厂。天然气在铁管顶端燃烧,铁管直径约 5 英寸。天然气足够供应约 600 只左右的这种燃烧炉。天然气收集在一种储气罐中,用竹笕分流而出。据说每只炉子都可以单独关闭,但是这要看工人们的主意如何。他们都用水来熄火,而不用什么开关。

古蜀地的栈道

李冰兴建的都江堰及下游渠道,改善了蜀地的水运航道,方便了蜀地人民的水上交通。但是在以往的记述和考证中,很少注意到李冰任蜀守时期蜀地的陆路交通状况。近年来,随着对先秦时期蜀地与中原地区陆路交通的考察,李冰时代蜀地陆路交通状况逐渐清晰起来。这类考察似乎说明,先秦时期的蜀地陆路交通,并不像李白说的那样"难于上青天"。

先秦时期的蜀地交通,最重要的是秦国与蜀国的交通。秦国占领蜀国后,特别是李冰成功兴建了都江堰后,蜀地经济迅速发展,成了秦国的战略物资基地。秦国就是凭借从蜀地运出的大量战略物资,打赢了统一战争。秦国占领蜀国以后,打通两地交通,就是当务之急。

《史记·货殖列传》对此有明确说明：

> （秦国）昭治咸阳，因以汉都，长安诸陵，四方辐凑（通"辏"）并至而会，地小人众，故其民益玩巧而事末也。南则巴蜀。巴蜀亦沃野，地饶卮、姜、丹沙、石、铜、铁、竹、木之器。南御滇僰，僰僮。西近邛笮，笮马、旄牛。然四塞……

这段记载，说明战国后期的秦国不仅对成都一带物产、交通了若指掌，还顾及今天成都南边的宜宾以南地区和成都西南的西昌和汉源一带。

"南御滇僰，僰僮。"就是指僰人及其活动的地区。僰人，是历史悠久的一个少数民族。《辞海》的解释是："僰，古族名……春秋前后居住在以僰道为中心的今川南及滇东一带。""僰道：古县名，汉置。因僰人所居，故名。治今四川省宜宾县西南安边镇。"也就是云、贵、川三省接合部的珙县一带。光绪《珙县志》：

珙本西南夷服地,秦灭开明氏,僰人居此,号
曰僰国。

现在还能见到的僰人遗迹,包括珙县河道悬崖上
的悬棺和壁画,民间流传下来的几十口铜鼓,以及罗渡
僰人石堡寨群遗址。《吕氏春秋·西南夷列传》:

取其筰马、僰僮。

张守节《正义》说:

今益州南戎州北临大江,古僰国。

珙县是川南地区重要的交通枢纽,有丰富的无烟
煤矿、硫铁和石英砂矿藏。现在,有铁路自成都直达珙
县县城。大约在16世纪,僰人主力被明军消灭。

李冰兴建的都江堰及下游渠道,就惠及了宜宾。

《史记》这段记载中的"西近邛筰",是汉时对邛都、

筰都两地的并称。这两个地方大致在现在成都西南方向的西昌和汉源一带。成都到那里的直线距离,比宜宾还要近些。《吕氏春秋》中所说的"筰马",就是筰地出产的马。筰地,就是筰都所在地。

"然四塞",是关键。巴蜀及周边地区有这么多资源,但是没有与外界的通道。最近有些文艺作品根据推测,演绎出白起和李冰曾开辟蜀中栈道,运军粮到咸阳的情节,这种推测是有根据的。

近年的考察,已对四川与陕西的早期通道梳理出清晰的脉络。其间的通道可分为两段,一段是关中通往汉中的陈仓道、褒斜道、傥骆道、子午道;一段是由汉中通往四川的金牛道、米仓道和荔枝道。这两段通道在秦岭山脉和大巴山脉中形成交通网,沟通了八百里秦川与四川盆地的天府之国。

以下摘编自刘小方的《古蜀栈道:古代的"高速公路"》:

对于古蜀先民而言,闭塞成为其发展的最大

障碍,关中地区是经济文化最发达的地区,来自北边的吸引力巨大。而北面呈东西向的米仓山和大巴山脉,成为第一道南北相通的天然屏障,汉中以北的秦岭成为第二道屏障。所以必须尽一切努力穿越米仓山、大巴山,再穿越秦岭,巴蜀先民才有可能与代表当时最高生产力和社会文明的关中地区沟通联系。因此打通北边的交通线是蜀道的关键。在南北相互沟通的巨大张力和拉力的作用下,最终"栈道千里,无所不通,唯褒斜绾毂其口",历尽艰辛得以凿通。栈道的修建是艰难的,其中浸透着血汗更饱含智慧。

《华阳国志·蜀志》中保存的五丁移山、石牛开道、武都担土、山分五岭等神话传说,正是古蜀先民前赴后继、英勇献身开通蜀道的力证。"开明立,号曰丛帝……时蜀有五丁力士,能移山,举万钧。"这则五丁移山的故事也出现在《本蜀论》中:"秦惠王欲伐蜀而不知道,作五石牛,以金尾下,言能屎金。蜀王负力,令五丁引之,成道,秦使张仪、司马错寻路灭蜀,因曰石牛道。"

史书记载,公元63年一年时间,汉朝政府就从"广汉、蜀郡、巴郡徙二千六百九十人,开通褒斜道",随后更是"凡用工七十六万六千八百余人"。

战国时秦国为打通陕西到四川的道路,于公元前267年开始修筑褒斜栈道,这条栈道起自秦岭北麓眉县西南15公里的斜水谷,到达秦岭南麓褒城县北5公里的褒水河谷,全长二百多公里的栈道是在峭崖陡壁上钻孔架木,并在其上铺板而成。当时火药还没有发明,在上为绝壁、下为激流的自然条件下,它的修建先是采用原始的"火焚水激"的方法开山破石,然后在岩壁上凿成30厘米见方、50厘米深的孔洞,分上、中、下三排,均插上木桩,接着在上排木桩上搭遮雨棚,中排木桩上铺板成路,下排木桩上支木为架,最终于公元前259年完成,历时八年之久。修筑者还根据不同的地貌状态,因地制宜,创造了标准式、依坡搭架式、石积式、千梁无柱式、凹槽式和多层立柱平梁式等多种栈道形制,这些都反映了古人在修建古蜀栈道过程付出的智慧和汗水。

蜀道的通行,使得大批钱粮赋税源源不断由四川运往长安,使先后在长安建都的周秦汉唐获得殷实富足的统治管理基础。

到唐代,陈子昂《上蜀川军事》已明确说:"国家富有巴蜀,是天府之藏。自陇右及河西诸州,军国所资,邮驿所给,商旅莫不取给于蜀。"同时关中地区先进的生产水平、社会文明、管理体制、文人雅士也不断进入四川,并进而由四川延伸到更西部的贵州、云南、青海、西藏等地,为古中国西部的发展提供了巨大的智力支持。

早期长安入蜀的重要通道有三条:

(1)褒斜道:长安入蜀的最早栈道褒斜道是沿着褒、斜二水形成的一条道路,它们发源于秦岭,褒河自北而南,注入汉江;斜水自南而北,汇入渭河。《汉书·地理志》载:"斜水出衙岭山,北至眉入渭;褒水亦出衙岭山,至南郑(今汉中)入沔。"清代《读史方舆纪要》对褒斜道的早期形成作了如下记述："褒斜之道，夏禹发之，汉始成之，南保北斜，两岭高峻，中为褒水所经。春秋开凿，秦时已有栈道。"褒斜道是历史记载中发现最早，使用时间最长，对历史、文化、贸易所起作用最大的蜀道，在两千余年的使用过程中形成了大量的文化遗存。

褒斜道南起汉中褒河镇，褒河是陕南的一条河。陕南以水而闻名，褒河则以美女而闻名，这个美女就是周幽王的爱妃褒姒——"烽火戏诸侯"里那个一笑倾国的冷美人。相传褒姒就是汉中褒河人，当时此地属于古褒国。秦末楚汉战争中在汉中休养生息的刘邦于公元前206年，一边派人修复被自己烧毁的栈道，一边令韩信带领大队人马，从西边的陈仓道出兵，一举定三秦。"明修栈道，暗度陈仓"的典故由此而来。《读史方舆纪要》指出，三国时期，曹操、张鲁、诸葛亮、姜维、杨仪、魏延、赵云、邓芝和司马懿等蜀魏两国许多重要人物，都在褒斜道有过多次活动。唐天宝十五年，即公元755

年,唐玄宗李隆基在马嵬坡兵变、杨玉环香消玉殒之后,也由褒斜道入蜀。保存在陕西略阳灵岩寺的《仪制令》,"贱避贵,少避长,轻避重,去避来",是我国现存最早的交通规则实物资料。现存汉中博物馆的石门十三品,是分布在古褒斜道石门隧道及其南北山崖间的 13 种摩崖石刻的总称,是反映隶书由古隶—汉隶—魏书—宋隶的演变历程的珍贵史料。

(2)傥骆道:傥骆道北从周至骆峪进秦岭,南从洋县傥水河谷出汉中,进出口各取地名中一字,故称傥骆道,全长 240 公里。唐代,傥骆道曾一度繁荣,成为由长安入川最捷近的道路,沿途馆驿多达十一处、栈阁九万余间。史料记载当时傥骆栈道五里一邮,十里一亭,三十里则置驿。因此,唐建中四年(783 年)唐德宗避乱南郑,唐广明元年(880 年)唐僖宗去蜀,都取道傥骆。傥骆古道的南端地处亚热带低地山区,古道的北端在秦岭北坡的骆峪中,地处暖温带季风气候,南北气候风景各异，各有特色。古人有关傥骆道的吟咏不少，多为高山巨川、密林幽篁震撼心灵之作，也有对艰险旅程的慨叹。唐代元稹《南秦雪》："帝城寒尽临寒食，骆谷春深未有春。才见岭头雪似尽，已惊岩下雪如尘。"宋代文同《骆谷》："龙蛇纵横虎豹乱，古栈朽裂埋深苔。"写军旅生活的如宋代陆游诗："雪云不隔平安火，一点遥从骆谷来。"

（3）金牛道：遗产最集中、保护最完备的蜀道

金牛道又叫石牛道，李白过此方有《蜀道难》不朽

图14　1905年日本人山川早水拍摄的都江堰安澜索桥

诗篇,其得名源自上文提到的"石牛粪金、五丁开道"故事。古道自汉中南郑向西经勉县,继而南折进入四川朝天的七盘关,再南行抵达广元,后抵剑门关。现在已经开发成旅游景区的明月峡栈道景区,也能找到古蜀地人民先秦时开发的古栈道痕迹。金牛道目前是古蜀栈道文化遗存、遗产最为集中、保存最完备的区域。

在类似探讨中,专门研究李冰与古蜀道关系的还不多。就已经发表的文章看,至少"笮桥",和"火焚水激"的开山法,跟李冰有关。

笮桥就是竹索桥,悬吊在河的两岸。古书中出现最早的笮桥,就是前引《华阳国志·蜀志》记载李冰事迹时提到的:

西上曰夷里桥,亦曰笮桥。

笮桥又叫夷星桥,位于今四川成都市西南南河上。

《寰宇记》卷七十二《益州华阳县》：

　　　　笮桥去州西四里。亦名夷里桥。

　　都江堰区一带，笮桥不止一条，留存至近代的，是著名的观澜索桥。"火焚水激"的开山法，也许是先民早就掌握，但是在古籍中出现，也是记载李冰开掘离碓时提到的。

　　现在，有关古蜀地陆路交通的研究还在进行。这类研究，不止是在成都平原通往内地的交通方面，通往西部和西南边疆地区的交通也是热点，随着对早期由蜀入藏的茶马古道，也就是松茂古道的考察，也许会陆续发现新的遗迹或史料。都江堰内江沿岸的玉垒山麓，就是松茂古道的起点，玉垒关仍有遗迹可寻。

第二章

都江堰的岁修与利用

岁修制度的形成

都江堰著称于世,主要因为它巧妙地利用了自然地理特性和水文原理,但它并不是一项一劳永逸的工程。这样复杂的组合人工堤坝,在每年的洪水季节,或多或少都会淤积、受损。《元史·河渠志·蜀堰》说:

> 秦昭王时,蜀太守李冰凿离堆,分其江以灌川蜀,民用以饶。历千数百年,所过冲薄荡啮,又大为民患。有司以故事,岁治堤防,凡一百三十有三所,役兵民多者万余人,少者千人,其下犹数百人。役凡七十日,不及七十日,虽事治,不得休息。

"所过冲薄荡啮,又大为民患"是说,都江堰渠首工程中有不少堤坝已经被洪水冲刷得很薄弱,有些堤段已经被冲击出缺口,这些问题已经威胁到当地人民的生计,所以不得不按照旧例,岁治堤防。

《元史》所说的"冲薄荡啮",只是正常的洪水季节洪水对坝体的冲击。实际上,洪水严重的时候,都江堰渠首工程的各部分,常常被彻底冲毁或淤塞,这种情况在历史上发生过多次。

为了保证都江堰安全有效地发挥作用,在每年秋冬季节的枯水期,当地政府和人民都会对都江堰渠首工程进行"岁修",很早就形成了制度,并有专职机构管理。青川县秦墓出土的秦《为田律》记载:

（每年）十月为桥,修陂隄,利津梁。

说明岁修在秦代已初具雏形。2005 年在鱼嘴河床出土的东汉《郭择赵汜碑》,记载了 196—197 年冬春之际进行的岁修,这次岁修没有水灾背景,是一次常规岁修,开始于新郡守上任之前,说明在汉代,岁修已成为制度。

都江堰的岁修和利用,不仅关系岷江中下游的国计民生,也能反映出河政的成败功过,所以历代正史对岁修相关的赋役制度和工程内容都有详细记录。

历代岁修和利用概况

1. 汉魏时期

汉景帝末年的公元前 141 年，庐江郡人文翁任蜀郡郡守，"穿湔江口，溉灌繁田千七百顷"，使蜀郡"世平道治，民物阜康"。经过两百多年的经营和发展，到了西汉末年，都江堰灌区已经是"江水沃野，民食稻鱼"的富足盛景了。

东汉时期，广都县开凿了一条长二十多里的渠道，引来郫江的水灌溉望川源，使都江堰灌区向成都西南方向发展。

207 年，蜀相诸葛亮多次强调成都平原的战略意义：

益州险塞，沃野千里，天府之土，高祖因之以成帝业。

诸葛亮治蜀时，十分重视都江堰的作用。曾派一千二百名壮丁护堰，并设立堰官加强管理。

魏晋南北朝时期，在国家赋役制度下，蜀地政府承担都江堰维护修治的工作，唯役工制度稍有变革。

2. 隋唐时期：章仇兼琼扩大了堰区下游的灌溉面积

隋朝沿用北魏以来的租调制，进一步改进为租、庸、调制。规定每丁每年要向国家纳粟二石，叫作"租"；纳绢二丈、绵三两或布两丈五尺、麻三斤，叫作"调"；服役二十天，叫作"正役"；不服役者，每丁按每天纳绢三尺或布三尺七寸五分的标准，交足二十天的数额以代役，叫作"庸"，即"输庸代役"，政府以"庸"征人代役。这种代役制度，在唐及五代之后的都江堰岁修和维护工程中发挥了重要作用。

唐代二百九十年间，蜀中兴修了许多水利工程。

在唐太宗时期,益州大都督府长史高俭利用成都平原向东南倾斜的地形条件,在原有灌溉渠道的两旁,开支渠以扩大灌溉面积,使成都平原更加富饶。到唐高宗龙朔年间,在都江堰的东面修筑起了百丈堰,引岷江水灌溉彭州和益州的农田。武则天时期,长史刘易从"引唐昌沱江,凿川派流,合堋口埝歧水,溉九陇、唐昌田"。是说,在都江堰干渠蒲阳河左岸开引水口,将水引入彭州地区。这时的灌区已向成都平原的西北扩展。

唐玄宗时期,也就是8世纪后期,先后担任过益州长史和节度使的章仇兼琼,对都江堰的发展作出了重大贡献。

唐代的益州是个相当大的州,辖地包括四川、云南、贵州、汉中大部分地区、湖北与河南小部分地区,以及缅甸北部。治所在蜀郡的成都。

章仇,是中原汉人的复姓。《元和姓纂》说,章仇,是齐国公族姜氏之后。秦汉之际,雍王章邯,为汉所并,子孙避居仇山,因号章仇氏,迁居草原。北魏时,章仇氏后人复归中原。

　　章仇兼琼是唐玄宗时期的重臣,官至户部尚书。但是《旧唐书》《新唐书》都没有给他立传,因为他举荐了杨钊。杨钊,就是后来安史之乱的罪魁祸首之一杨国忠。最初杨钊在章仇兼琼手下做幕僚,非常聪明伶俐,深得章仇兼琼喜爱。由于章仇兼琼的举荐,杨钊得到重用,后被皇帝赐名杨国忠。史官因此对章仇兼琼轻描淡写,后人只能从史书的只言片语中了解这个人。

　　实际上章仇兼琼立过大功,他帮助唐玄宗用计攻取了吐蕃安戎城。还主持兴建了四川的许多重大工程。乐山大佛的主体工程,大佛胸至膝部的工程,就是他任剑南西川节度使时,用个人的俸金捐助完成的,这部分工程持续了七年。

　　章仇兼琼对都江堰的利用,扩大了下游灌区的效益。在温江新源水附近,他利用隋代蜀王杨秀为修建宫殿运木材的旧渠,开凿了"通清西山竹木"新渠。又在新津县城南开凿了远济堰,以此灌溉眉州通义、彭山一带的农田。远济堰有一座大堰,十座小堰,从新津邛江口引渠南下至眉州西南入岷江,长一百二十里,灌田

图15　堰功道上的章仇兼琼塑像

十六万亩。远济堰至今一直都在发挥作用。章仇兼琼还在成都北郊重开了旧时张仪所建的万岁池,"筑堤积水溉田"。

章仇兼琼之后的四川地方官员,都继承了他的河政传统。如白敏中,"以成都环锦江为池,江之支纬城中,乃开金水河"直通成都城内,作为运输小宗货物的航道。高骈,修建了成都西北郊的縻枣堰,开创了在灌区实行引、蓄结合的先例。高骈还把成都城郊的所有丘陵"悉垦平之,以便农桑"。这不仅发展了灌区,而且在成都郊区平整了土地,扩大了耕地面积。唐代末年,眉州刺史张琳整修了通济堰,进一步扩展了灌溉面积。"自新津之修觉山,浚故址,至眉州西南合于松江,溉田一万五千顷,民被其惠。"

唐代对堰工技术的记载也比较具体详尽。例如,在李吉甫著的《元和郡县图志》卷三十二中详细记载了卵石竹笼的结构与形状。根据唐代的记载,可以看出都江堰灌区的明显扩大,西起灌县,向东发展到了成都平原的边缘。不仅干渠被不断延伸,而且干渠两侧的支渠不断完善形成了渠系。

3. 宋代

宋代都江堰修治的河工来源发生了一些变化。宋
人张君房《云笈七笺·道教灵验记》记载,都江堰岁修
"赋税之户,轮供其役",采用按户分段包干具体工程的
办法。等于对岁修役法进行改革,分解工程,承包到户。

宋代对都江堰维修和利用的记载,较唐代更为详
尽。《宋史·河渠志》等史书不仅记述了都江堰水系的
三派、三流、十四分支和九大堰的情况,而且还记载了
岁修工程的扩建维护细节,以及灌区的扩大和治水经
验的总结等。

宋太祖乾德年间(963—968年),成都府事刘熙
古整治了成都附近的九里堤和麋枣堰,使成都免遭了
洪灾。

宋仁宗年间(1023—1063年),益州事韩亿疏通了
九升江口,使其灌溉数千顷农田。

宋哲宗绍圣(1094—1098年)初年,任成都府事的

王觌,把横贯城内的水渠逐一疏通,以免除成都水灾。任司理的张唐英,在崇宁"独自捐金筑堰……溉田数千亩",命名为"司理堰",此堰至今犹存。

宋徽宗崇宁(1102—1106 年)初年,华阳县令赵申锡修复了可以灌溉三万多亩良田的沙坝堰。

宋高宗绍兴年间(1131—1162 年),四川安抚制置使李璆主持修复"通济堰",灌"眉田百万顷","眉人感之,绘像祠于堰所"。

宋高宗时,由于负责维护都江堰的官吏偷工减料,致使堤堰崩塌,灌区曾一度缺水,多年饥荒。成都路转运判官赵不忧修治都江堰,并亲自参加劳动,使都江堰灌区的农业生产逐渐恢复。

宋孝宗乾道三年(1167 年),彭州太守梁介"修永昌、九陇、蒙阳十余堰,民受灌溉之利,及于邻邦"。

都江堰整体工程经过宋代的不断维修与扩建,其灌区发展到了十二个县。成都平原呈现出"禾黍连云种""粳稻如黄云"的景象。

宋代对都江堰的管理也十分重视,制定了"旱则引

灌,涝则疏导"等一套管理制度和维修方法。制度规定每年冬季断流,春季淘淤。《宋史·河渠志》记载:

> 岁暮水落,筑堤壅水上流。春正月,则役工浚治,谓之穿淘。

在岁修时,政府要求对施工情况,包括河道的高低、宽窄、深浅,灌溉面积的大小,参加施工人数,使用材料名称和数量,主持工程官员的姓名等,必须详细地记载于册,以便年终考核。按规定完成任务者,则给予嘉奖;因工程维修不合要求而致使堤坝被冲毁者,则给予惩罚。

1108年,宋徽宗在大观二年下诏,允许百姓告发那些在主办岁修工程当中贪污工程费用并鱼肉百姓的官吏。

《宋史·河渠志》记载:

> 离碓之趾,旧巉(chán)石为水则。则盈一尺,

至十而止。水及六则，流始足用，过则从侍郎堰减
水河泄而归于江。岁作侍郎堰，必以竹为绳，自北
引而南，准水则第四以为高下之度。

"侍郎堰"就是飞沙堰，也叫金堤或金刚堤，唐代开
始有此名称。这段是说：宋代在离碓岩壁上已刻有观
测水位的"水则"，共十级，每级一尺。水位如果到了六
级，流量就能够满足灌区的需要；水位如果超过六级，
多余的水就要从飞沙堰溢洪道排到外江去。每年岁
修时，都要用竹绳从北向南比量高低，以确定飞沙堰的
高程。

4. 元代：吉当普将堰体改进为铁石结构

元代沿袭了宋代以户为单位承担岁修工程的传
统，还曾派驻军参与管理与施工。

自都江堰创建以后，从汉魏至唐宋，历代对都江
堰渠首的治理，都沿用竹笼充石筑堰的方法。虽然这

种方法施工方便,工费也低,但不能耐久,"岁必更易"。南宋陆游就设想过"取大石甃成",但是没有实现。

到了元代,有人主张采用铸铁和条石等材料代替竹笼充石,以求一劳永逸。元代官员李秉彝和吉当普就是这种治理都江堰新方法的积极倡导者和推行者。

在元初,李秉彝任陕西、四川道按察副使时,出巡灌州,了解到,都江堰的水利设施每遇洪水常被冲坏,因此每年都要调集民工修理,很花费钱财与劳力。

李秉彝提出,应该把堰筑坚固些,以节省岁修工费。当地百姓怕堰太坚固,会加大洪水水势,对下游成都形成威胁。李秉彝就投石入水,证明水从石上流过并不会壅水成灾。于是,他督促有关官员加固堰体。加固工程完成后,当洪水来时,水果然从飞沙堰上溢走。水位没有迅速升高,水势也没有加大,堰体也没有冲坏。这是较早采用固体石坝的成功尝试。

元末顺帝时期,都江堰因岁修工程质量很差,一般只使用几个月,堰就被冲毁了。修堰时官吏多贪污,百姓深受其苦。当时川西人口少,而都江堰岁修任务重,每年要整治百余处,于是需要在外地调人进行都江堰的岁修工作。调来岁修的士兵、劳工,多时达万余人,少时也有千人,最少的也有几百人。每人服役七十日,如果有人不想参加劳动,就要每日上缴三千文钱。

1334年,吉当普来任四川肃政廉访使。他看到当地人劳役和税赋之难,苦不堪言,试图寻找根本解决的办法。经过左思右想,他对灌州判官张宏说:

若甃之石,则役可罢,民苏弊除。

就是说,如果用石头垒砌成固定的堰体,这个都江堰每年修整的劳役就可以减省很多,除掉当地百姓每年都要受劳役之苦这个弊端。

吉当普亲自到灌县,巡视勘察要害工程三十二处。张宏根据吉当普的意图,先做了个小堰试验,通过了洪水的考验。然后,从元世祖至元元年(1335年)冬天正式开工,吉当普亲自率众花费了五个月的时间,对都江堰进行了大修。

这次大修,是有史以来对整个渠首工程进行的最大规模整修和加固。许多堰体被改造成了永固式的堰体。大修中,主要建筑物采用石灰浆砌条石结构,条石之间铸铁锭联结,并用桐油拌石灰和麻丝嵌塞缝隙。易崩坏的堤岸则砌以大卵石保护,并在堤上种植杨柳和灌木加固。宝瓶口以下引水口则用条石包砌,并建造启闭十分方便的石闸门。

　　在这次大修中,最著名的工程是铸大铁龟沉江,作内外江的分水鱼嘴。吉当普认为分水鱼嘴位居河中,顶冲激流,最容易破坏。为了一劳永逸,他用了一万六千斤铁,铸成了一个大铁龟作鱼嘴,并在鱼嘴前埋铁柱,以抵抗水流的冲击,防止漂运木材与木筏对鱼嘴的碰撞。

　　元代的这次修治,使都江堰工程维持了近四十年无大修。可以说,我们今天看到的都江堰渠首工程的概貌,就是以这次修治为基础的。美中不足的是,沉江铁龟鱼嘴是建在砂卵石的河床上,因基础被冲刷掏空,铁龟已不知所终。后代多次寻找,至今杳无音信。2002 年,都江堰曾请专家,用探测仪器在都江堰河床进

图16　堰功道上的吉当普塑像

行探测,但因为元代这次大修,在堰体的基础部分使用了大量铁锭,所以探测器一到河床底部,测到的到处都是金属反应,令专家无所适从,只得作罢。

5. 明清时期:丁宝桢"易笼为石",重建大小鱼嘴

明代开国之初,虽然在修整都江堰水利设施方面花费不菲,但是并没有专设堰官来主持日常维护和管理工作,导致了"堰务废弛",成都平原又出现了旱灾与饥荒。巡抚右佥都御史丘霁就曾抱怨说,朝廷派来的国子生"其来也远,其居也暂",而都江堰的问题错综复杂,他们不了解当地具体情况,不能解决问题。因此,他建议朝廷效法山东、浙江、南直隶等地"设官治水利"。

朝廷采纳了丘霁的意见,于1490年派刑部员外郎刘世熙升任按察佥事,主持都江堰工作。从此都江堰的管理制度得以恢复,工程得到及时维修,灌区不断发展扩大。

自元代用铁石代替竹笼修治都江堰以后,人们就

开始了为期数百年的堰工技术大争论。明代就反复争论了好多次。初期,彭州刺史胡子祺曾认为用铁石"劳费不赀",又恢复了竹木代工。胡子祺离去之后,当地复用铁石筑堰。后来灌县知县胡光完全照搬元代的做法,采用砌石,铸以铁锭,固以油灰的办法砌成石堤。明中期,水利佥事卢翊又恢复了笼石的古法。后来阮朝东仍继续主张以竹笼充石治堰。

1547年,都江堰遭受特大洪灾。堰毁堤决,"金堂、简、资、内江一带水势弥漫,驾出旧痕几十余丈,浸淫四五日,始渐以落。江两岸田地冲决,见在民居漂洗靡遗寸椽,盖百年来所未见之灾也"。这场洪灾结束了竹石法还是铁石法的争论。

嘉靖二十九年(1550年),四川按察司佥事施千祥与崇宁知县刘守德、灌县知县王来聘商定,铸造铁牛鱼嘴。刘守德亲自主持施工,他们先在堰口上游三丈远的地方用竹笼和杩槎截流,淘挖鱼嘴基础,于基坑内密植三百余根柏木桩,用沙砾填实,在上面横铺柏木,再砌长约一丈、厚约两尺的石板。然后铸铁板为底座,上制木模,设大熔炉十一座,五十余口大锅于木模旁,化铁倾注模内。据说一千多人只花一昼夜时间,就铸成两个"首合尾分,如人字状"的一丈多长的大铁牛。铁牛落成时,都江堰督学陈銮曾写下《铁牛记》碑文和铭文:

问堰口,准牛首;问堰底,寻牛趾;堰堤广狭顺牛尾。水没角端诸堰丰,须称高低修减水。

明末户部右侍郎高韶,参观了都江堰铁牛后又写了《都江堰铁牛记碑》。这两座碑已不存,但碑文流传了下来。前面那段对1547年洪水的记载,就出自《都江堰铁牛记碑》。令人惋惜的是,鱼嘴铁牛的建立,又犯了元代同样的错误,由于基础不牢固,最终还是被淹没了,至今不知下落。

明末清初,四川社会动荡。由于都江堰工程失修,导致堰堤崩塌、河渠壅淤,"所余人民,止就隅曲之水,以灌偏僻之田,苟且延生"。明末吴三桂之乱后,灌区更荒芜不堪,"堰废弛已久……有历三春而水不至田……

于榛莽中得离碓旧渠,砂石壅淤久矣"。就是说,宝瓶口已经被淤积泥沙填埋得几乎找不到。

清代初期,蜀地连年大水。洪水破堤入南江,仅修筑人字堤三十八丈,暂时疏通了部分宝瓶口的渠道。雍正年间,都江堰只能灌溉九县七十万亩农田,数量远远低于宋明两代。到乾隆初年,四川元气恢复,人口增多,对都江堰修治渐勤。即便如此,当时修浚的记载也只提到人字堤,没有提及金刚堤,也就是飞沙堰。说明当时主要还是依靠人字堤分水,都江堰渠首工程淤积严重的情况并未得到根本改善。

乾隆三十一年(1766年),四川总督阿尔泰"坚筑石坝于堰底"以加固鱼嘴,令河工淘挖沙石基础,深度比过去深了三尺。说明他已经开始对鱼嘴分水堰体基础部分开始施工。阿尔泰还下令在都江堰上游支流上筑堰蓄水,这样既可以供春耕用水,又能拦住一部分泥沙,减少内江的进沙量。

直到清末的19世纪初期,强望泰来任成都府水利同知,才对都江堰渠首工程进行大规模整治。强望泰连续十八年任成都府水利同知,是历史上在都江堰区任期最长的官员,"每年淘滩作堰,躬与役徒为伍,虽严寒风雪,不敢告劳"。由于深入河工劳役,他体会到了整治都江堰"深淘滩,低作堰"六字古训的重要性,曾命人在宝瓶口北岸岩壁上刻下这六个字。任职期间,他还效法古人,命人在宝瓶口前的凤栖窝内江河道下置铁桩一根,作为后世淘滩的标准。这个铁桩,就是当地著名的"卧铁"。遗憾的是,强望泰设置的卧铁现在还没有发现。

清末的丁宝桢,是古代最后一位对都江堰区作出重大贡献的官员。丁宝桢光绪二年(1876年)任四川总督。这时,都江堰已年久失修,丰水期洪水泛滥,枯水期旱灾不断,成都平原农民常常涌进官府"索水"闹事。光绪三年(1877年)九月,丁宝桢率人前往都江堰查勘,见分水鱼嘴、人字堤等堤岸残缺朽败,内外江灌溉河道越淤越高,有些河床已接近附近稻田的高度,且水流混乱,灌区田园荒芜,一片凄凉。丁宝桢向慈禧太后和光绪帝奏请大修都江堰,获准拨库银九万两。他

图17　堰功道上的丁宝桢塑像

又征调了近万民工，自当年十二月至来年三月，对都江堰进行了大修。

他模仿元代的基础工程，将多处竹石堰体拆除，全部改用条石修砌，再用铁链把条石紧固，史书称此举为"易笼为石"。他还令河工重新建造长十六丈，高二丈，底深一丈的条石鱼嘴，外侧堆砌数层竹笼，保护鱼嘴。又在离碓前新建小鱼嘴分水。大修期间，他到工地视察十二次，并派下属多人常驻工地督工。这次大修，施工里程达七十多里，新砌内外江江梗一万二千多丈，堤岸普遍增高一丈有余，河槽普遍深淘一丈有余。

光绪四年（1878年），都江堰遭遇特大洪水，水位陡涨一丈九尺多，上游木石俱下，水声如雷，金刚堤、人字堤等处堤岸被冲毁三十七丈多。唯独新建的大小鱼嘴未受损害。朝廷不明就里，依然下令责罚。丁宝桢连降三级、革职留用，继续督修都江堰。革职留用期间，丁宝桢积极修复受损堤岸，继续完善堰区各处工程。光绪六年（1880年），丁宝桢官复原职。当地人民对丁宝桢这种始终如一,持之以恒的坚韧精神一直感念不已。据说川菜中的代表菜品"宫保鸡丁"就是丁宝桢发明的。因为丁宝桢后来官至太子少保,同仁尊称为"宫保",所以这道菜叫"宫保鸡丁"。

岁修的技术细节

都江堰的岁修一般从霜降前后开始。先在渠首用"杩槎"筑成临时围堰,在外江截流,让岷江水全部流入内江。河工在外江河床进行淘沙清淤、修整堤岸河道等河方工程。到来年立春,外江岁修完工,放倒"杩槎"开堰。再用"杩槎"筑成临时围堰,在内江截流,让岷江水全部流入外江。河工在内江河床进行淘沙清淤、修整堤岸河道等河方工程。和内江通连的各个水渠,这时同步进行岁修。到清明节,渠首放倒"杩槎"开堰,成都平原上的所有农田,就都可以得到灌溉用水了。当地人民对内江开堰特别重视,每年内江开堰的时候都要举行隆重典礼,叫"开水节"。

1. 桩工、羊圈

分水鱼嘴和飞沙堰等堰体,常被洪水冲毁。古代河工在岁修维护中,通常采用桩工和羊圈等传统技术,增加堰体的耐久性和稳定性。

桩工,就是在堰体中或岸边栽立木桩。木桩分防浪桩、导流桩、护脚桩等。在一些老照片中,还能看到鱼嘴分水堰迎水面露出水面的木桩,那就是防浪桩。现在已经没有了。防浪桩可以减小水势,减缓急流和漂浮物的冲击。护脚桩的作用是防止急流对坝体的淘刷,以免岸坡崩塌,同时能拦住护坝卵石,保护岸脚不被掏空。

有些堰体,是用一定形状的桩工稳固竹笼组合成的。比如飞沙堰和"人字堤"等溢流堰,就是用竹笼纵横垒砌,中间贯以梅花形布置的桩工,行话叫"梅花桩"。这种组合能够加强结体,保持堰体形状,增强抗冲击能力。

桩工所用木桩,多用硬质桤木或其他硬杂木做成,其长度和直径视用途不同而异。分水鱼嘴迎水面的防浪桩,一般规格是桩长 4 米、直径 30 厘米;鱼嘴基础两侧的"关门桩"相对矮一些、细一些,一般桩长 2.5 米、直径 20 厘米;堤岸护脚和渠道中分水导流的木桩更小,一般长 1.3 至 3 米,直径只有 10 厘米左右。

木桩埋设深度,也视不同情况而定。鱼嘴迎水面防浪桩埋入一半的桩长,分水导流桩埋入超过一半的桩长,其他护脚桩、基础桩、护堰桩等全部埋入,桩顶平河底或砌石面。防浪桩的桩顶要露出最高水面 30 至 50 厘米,分水导流桩的桩顶则只要求与枯水位平。

羊圈,就是在木质框架内填石,是坝体的护底工程,类似地面建筑的地基。一般在河槽深坑处施工,以圆木做成框架,四面密布木条,内填卵石,再用砌石或竹笼工程封顶。整个装置,就像一个羊圈,那些卵石就像被困住的羊,无法走散。羊圈重量大、抗冲击力强,用于水流湍急处护基镇底,比竹笼更稳固、更耐久。明清时期到近代,在分水鱼嘴和飞沙堰这些重要堰体的岁修和维护时,多采用羊圈作堰体基础。

羊圈的形状一般为三四米见方。根据河床基础的大小和工程的需要,人们可做成几个羊圈并列使用。

羊圈的立柱选用桤木、麻柳或者其他杂木,直径不小于20厘米。立柱长度视坑内水深而定。四根立柱每边均用上下两根横木榫接,构成方形框架。横木的直径不小于15厘米,其内侧竖插立木,各横木之间用竹篾将立木绑扎。立木的直径为10厘米左右,间距视所填卵石的直径而定,标准是框内卵石不能从缝隙挤出。

木框内填满卵石后,要用大卵石丁砌封顶。丁砌,是一种垒砌砖石的方法。简单说,就是在横向或散乱的砖石中,有一定间隔地插入竖向的砖石,起锁定结构的作用。这种方法垒砌的墙体或基础,更稳定结实。

现在,桩工和羊圈这类传统河工工艺,已被钢筋混

凝土结构取代,人们只能在当地一些展览馆和旅游景
点看到照片和模型。

2. 深淘滩,低作堰

"深淘滩,低作堰"和"遇弯截角,逢正抽心",是岁
修工程中的两句著名谚语,流传时间久远,影响范围广
大。现在有很多经济管理和人力资源管理类的论文,
也在借用这两句话,说明对相互关联矛盾的处理方法。
实际上,这两句话是河方工程的专业术语,涉及很多专
业知识。特别是后一句,对于非专业人士,不是三言两
语能说清楚的。

河方工程,类似建筑学中的土方工程。土方工程
一般指地基和结构建设中的土石施工,河方工程,一般
指河道基础和结构建设中的土石施工。

以往在岁修中,清理内江河道、加固飞沙堰,是重
要工程。河工在宝瓶口前那段河道实施河方工程时,
以"深淘滩,低作堰"为基本准则。但是这个准则的出
处,并不是很清楚。

1943年出版的《都江堰水利工程述要》中说：

宋开宝五年壬申（972年），宋太祖敕重刻"深淘滩，低作堰"六字诀于灌口江干。

没有说明出处。传为明代杨慎编辑的《金石古文》卷三，收录了《秦蜀守李冰誓江神碑》《秦蜀守李冰湔㟷堰官碑》两碑的碑文。前一个碑文只有八个字：

竭不至足，盛不没腰。

后一个碑文只有六个字：

深淘潬，浅包鄢。

碑文下小字注：

潬，古滩字。鄢，即堰也。

附评语：

　　冰在蜀，治水泽利民，功烈盛矣。誓神而至今不敢违之，教民而民至今不能违之。其文又简古如此，真异人哉。

但是也没说明出处。有纪年的确切记载，是明初成书的《元史·河渠志》：

　　北江少东为虎头山，为斗鸡台。台有水则，以尺画之，凡十有一。水及其九，其民喜，过则忧，没其则，则困。又书"深淘滩，高作堰"六字其旁，为治水之法，皆冰所为也。

其中"高"字，一般推证为"低"字之误。这段文字说明，"深淘滩，低作堰"六字当时已刻在内江河道一带的山崖石壁上。留存至今的最早图像，是1786年《灌县志》卷首的《都江堰图》（图18）。其中"深淘滩，低作堰"六字所在崖壁位置与《元史》记载相同。

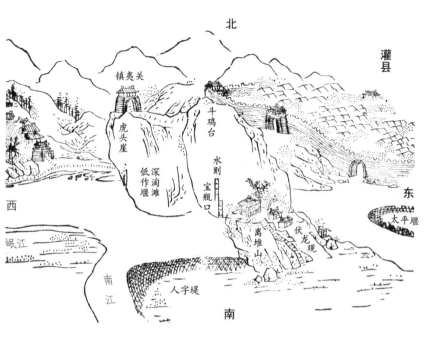

图18　1786年《灌县志》卷首的《都江堰图》

　　为便于阅读，把原图中的繁体字替换成了简体字。图中，外江方向标注为"南江"。《元史·河渠志》说的"北江"，就是内江。

　　"深淘滩"的"滩"，指的是凤栖窝，就是内江凹岸一侧飞沙堰对面的那段河床。经过一年的淤积，这里会淤起浅滩。岁修时，要在这一带加以深淘。深淘可以使内江河床保持一定的深度，河道就有足够的过水断面。这样做有两个作用，一个是在洪水高峰期，洪水的

119

动力在这里会增加离心力,借此可以卷走水中比重大的沙石。据说洪水大的时候,能在这一带看到洪水裹挟着成吨的巨石排往外江。深淘的另一个作用,是在这一段河道预留出更多的容积,用以沉淀、容留洪水平缓期水中的泥沙。洪水的动力能卷走一部分沙石,但是水量不大的时候,水流会在这一带形成壅水,还是会造成泥沙沉淀和淤积,所以每年岁修都要深淘。

深淘的深度,有一个标准,就是"卧铁"的所在。卧铁,是都江堰岁修工程产生的特殊文物,历代都有埋设,位置在内江凤栖窝处河床下。每年内江岁修时,都会在淘滩底部埋设这个标志物。相传李冰建堰时曾在内江河床下埋设石马,作为每年淘滩深度的标准。石马一直没发现。后来石马演变成了卧铁。现已发现的最早一根卧铁,埋设于明万历四年(1576 年),上面有铭文:

永镇普济之柱,明万历四年造。

卧铁的尺寸有定制,长4米,直径0.2米,深度比飞沙堰顶低2.2米。

今天,都江堰区这段内江河道的岁修工程,已不像以往那样复杂繁重,因为在上游修建了现代化的紫坪铺大坝,可以实时调节水量,这段河道已基本实现了冲淤平衡。

"低作堰"意思是,飞沙堰不能太高,太高就起不到排洪泄沙的作用。今天到现场仍可以看到,飞沙堰堰尾部分堰体在水面以下,人们只能从过水表面的坡度,隐约看出堰体尾部的大致范围和形状。过水水面的高度,是随着上游的来水量随时发生动态变化的。要想让飞沙堰的高度适合排洪排沙,就需要适时调整高度,实施动态管理。现在,由于在渠首上游新建了大坝,可以随时调节内江过水量,控制飞沙堰高度的难题已不存在。曾有学者总结出飞沙堰高度、洪水流量流速和泥沙含量关系的数学模型。依据现在的设备和技术,可以精准预算,实现动态管理。不仅飞沙堰的研究已经有数学模型,整个都江堰渠首工程的各个环节,都已研究出了数学模型。

古人对飞沙堰高度的控制,只能凭经验。这类经验来自对洪水周期和天文、气象规律的认知。有些水文史料给出过飞沙堰的固定高度,只能算简单的估算。《灌县志》图中标注的"水则",也就是水尺,既有警戒水位的含义,也有标志飞沙堰高度的含义,但是这类估算,并不能满足实时的动态管理需求。

3. 遇弯截角,逢正抽心

"遇弯截角,逢正抽心",也是河方工程专业术语。

"遇弯截角"的意思是,在岁修中,整治河道弯道时,要在凸岸一侧钝化突出的锐角,在凹岸一侧钝化凹进的锐角。这样可以减少水流的临时变向,强化主流方向。因为这一带的主流方向,是要被利用的一种动能,如果锐角过多,临时变向,就会降低主流动能,也就降低了利用率。

"逢正抽心"的意思是,在岁修中,整治顺直河道的河床底部时,要在底部中间部位,强调、深挖主水流方向的水槽。经过一年的冲刷,顺直河道的河床底部会发生不规则损毁,歪槽岔沟过多,又会降低主水流的动力、方向,不仅降低泄洪泄沙的功能,还会因主流变向,对相应河段的堤岸造成冲击。深挖主水流方向的河床底部水槽,就能达到主流集中的目的,使江水"安流顺轨",按照人们的意愿实现工程效果。"逢正抽心"的"正",一个意思是顺直,还有一个意思是指主水流进出水口方向的正中。

弯道河床的施工相对复杂,上下游呈曲线连接时,要求曲线半径大于直段主槽的宽度,否则河水惯性作用,会对堤坝产生超强的冲击力。河床断面的塑造,还要考虑河段的坡降、平滑率、水势和流量等因素。

岁修中,在外江金马河段的施工,就遵循"逢正抽心"这一原则。金马河段是岷江下泄的必经河段,这段河床很浅,且宽窄不均,降比大,倒滩多,属于多岔流河床,河床摆动很大。稍有不慎,洪水期就会溃堤。其中的淘家湾险峻工段,历史上多次溃决,造成江安河灌区发生严重灾害。据说这一段河床有前代河工开凿的河心主槽，并设潜坝控制主流，又在险工处设丁坝，经过多次洪水考验，工程稳固。

近代的都江堰岁修工程，保留了不少施工档案。许多河方工程的基线、基桩，施工前后的水文变化，都留下了详细数据，还总结出了"河方工程计算表"。这些档案数据，为现在智能化设计、施工和管理提供了帮助。

第三章

民间传说

大禹通岷江

　　远古时期,在汶山郡广柔县石纽山上,住着一户人家,主人叫鲧。鲧的妻子修己,曾梦见流星贯昴,化身为鲧,与之交接,又吞了神珠薏苡(yì yì)而怀孕。薏苡,就是薏米。后来,修己生下一个男孩,取名禹,又名文命,字密。禹成人后,体格健壮、魁伟,身长有九尺二寸,是一个结结实实的小伙子。

　　传说禹是昴星下凡,神力过人。那时,河道不通,每年洪水一来,漫野横流,成都平原一片汪洋。为了部落的生存,禹率领部落人民疏通岷江,开辟新沱,使洪水沿江下泄,制服了洪水。

　　岷江洪水被夏禹治服了,部落人民得以安居乐业,对禹十分感激。禹去世以后,人民为了表达对他的崇敬,在汶川县石纽山下修建了大禹庙。据说六月六是禹的生日,每年的这一天,人民都要到大禹庙祭奠他,感激他的恩情。

　　这是清代眉州学者彭遵泗在《全蜀典故》中记载的民间传说。

开明治水

在成都平原西北部,古时居住着蜀、羌、仿、微等民族。这些民族,以捕鱼和打猎为生,过着游牧的部落生活。周代衰微,国内大大小小的诸侯国,都纷纷独立,蜀国也跟着称起王来。蜀国国王先有蚕丛,以后一代一代传下来,传到鱼凫,号为望帝。

望帝当政时期,有一个叫鳖灵的人的尸体逆长江而上,漂到蜀国都城郫邑后神奇复活,上岸与望帝相见。鳖灵原是荆州人。望帝听说他有治水的本领,就让他当了蜀国的丞相。

鳖灵当丞相时,从玉山流出来的洪水,像尧时的大洪水一样,汹涌澎湃,严重威胁了郫邑的安全。望帝面对这惊涛骇浪,没有办法。只好让鳖灵决玉山,使江水顺流而下,蜀国人民的安全,从此有了保障。

以后,在巫山一带的长江里,龙又互相残杀,打起
仗来,搅得天翻地覆,山崩地裂,巫山垮塌下来,把长江
堵塞了。江水流到这里,越堵越深,又使蜀国变成泽国。
望帝又让鳖灵去把巫峡凿开,江水顺畅流出,才使蜀国
人民恢复生活。

在鳖灵四处治水的时候,望帝曾骚扰鳖灵的妻子,
造成了不好的影响。望帝很是惭愧,就把帝位让给了
鳖灵,隐居起来。鳖灵即位以后,立号为开明帝。

（据1983年版《灌县都江堰水利志》）

李冰革俗斗江神

古时成都平原水灾严重。每到雨季,岷江从灌县出山,汹涌澎湃,冲向平原,许多地方被淹成一片泽国。良田冲毁了,房屋没有了。一见大水来了,人们往往惶恐不安呼喊:"水妖来了,水妖来了!"大人小孩儿都往山上跑。久而久之,蜀地跟许多洪水肆虐的地方一样,衍生出活人祭祀江神的陋俗。

百姓尊岷江为江神,在江岸边修建庙宇,塑江神像供奉。每年雨季到来的时候,也就是每年六月二十三日,举行祭祀江神的活动。不仅杀猪宰羊,作为供奉江神的祭品,还要向江中抛送童女二人,号称去江中服侍江神。以此祈求江神息怒,保佑百姓安居乐业。

这一陋俗不仅耗费百姓无数钱财,还要无端葬送许多少女的性命。每逢祭典来临之时,贪官污吏便会趁机大发横财,榨取民脂民膏,中饱私囊,百姓们更是苦不堪言。

李冰出任蜀守后,也遇到了为江神举行祭典的活动。主持祭典的官吏特来请示李冰,说将要筹集钱财百万,并为江神选聘女子。李冰听了之后,对官吏说:"蜀地连年发生水灾,百姓生活得十分困苦,他们怎么能够拿得出百万钱财呢?并且强向百姓人家选聘女子,使他们骨肉分离,此等做法实在是不妥。我身为蜀郡守,理应与百姓福祸与共。我有两个女儿,愿意献给江神为妻,你们就不必为此再向百姓收钱敛财和征选女子了。"

到了六月二十三日,李冰早早起来,吩咐家人为爱女送行,然后带着女儿前往江神庙。

祭祀仪式开始后,李冰走到神案之前,代表百姓宣读了祭文,他恳请江神悲天悯人,看在百姓们的一片诚心的份上,不要再大兴水患了。然后,他虔诚地斟满了两杯酒,将一杯供在神案上,把另一杯一饮而尽。他恭敬地肃立,等待着江神来显灵。

　　李冰接连劝了三杯之后,见江神仍然滴酒不沾,他勃然大怒道:"江神!这就是你的不对了。多少年来,蜀地百姓世世代代供奉你,人们为你献出了无数的钱财和亲人的生命,其诚心可谓感天动地。而你却丝毫不为所动,反而屡次兴起水患,肆虐苍生。今天,我们在这里谦恭地祭祀你,你却弃而不顾,这是什么道理呢?此番,我李冰要代表蜀郡的百姓,向你讨个公道!"说罢,拔出腰间宝剑向空中刺去。

　　人们听到郡守竟然如此大胆且激愤地申斥江神,拔剑就刺,无不骇然失色。就在他们惊恐万状的时候,神案前早已不见了李冰的身影。随即江中响起了一阵阵震天的吼声。人们急忙跑到江边,只见江里怒涛翻滚,水雾弥漫,波涛中正进行着一场激烈的搏斗。只见一条蛟龙和一头青牛厮打在一处,杀得难解难分。

　　那蛟龙上下翻滚,俯仰腾挪,不时带起滔天巨浪,向青牛直压下来。而那头青牛,却显得毫不畏惧,前冲后撞,左踢右蹬,吼叫着向蛟龙撞击过去。这样的战斗持续了很久,一时难分胜负。突然,蛟龙一头扎到水中潜逃了。

正当人们惊恐不定时，只见李冰气喘吁吁地走上岸来，神情疲惫地对百姓们说："刚才我化作青牛同江神大战了一场，没有分出胜负。我料定那个江神今天不能胜我，明天一定也会化成牛来同我交战。我请各位明天能来此助战，我发誓一定要诛杀此神。"

第二天，李冰带着众人来到江边，他对着江水大声讨战。不一会儿，浪花飞溅，李冰知道是江神来了，再一次跃入水中。

不久，众人就听到对岸杀声震天，急忙跑到高处观战。只见对岸一白一青两头牛正在角斗，它们横冲直撞，往来穿梭，众人直看得眼花缭乱。

过了一会儿，李冰跑了回来。他满脸是汗，须发散乱，呼呼地喘着粗气。他对二郎及众部下说："刚才在对岸角斗的两头牛，就是我和江神的化身，我有些支撑不住了，请诸位助我一臂之力。诸位请看仔细，等会儿有一条青牛，身上缠着一束绶带，占据南面的地势，那就是我的化身。你们齐心协力，向白牛射箭，就能制胜。"说完身形一晃，又不见了。

于是人们按照李冰的吩咐，弯弓搭箭，瞄准对岸的白牛，弓弦响处，万箭齐发，白牛瞬间倒地，青牛乘势一阵猛攻，终于将化身白牛的江神杀死了。随着白牛一声比一声微弱的哀鸣，翻滚咆哮着的江水也慢慢平息下来。

好一阵子，人们才从极度紧张的状态中缓过神来，随即爆发出一阵经久不息的欢呼，人们为郡守替他们除了一大害而兴奋不已。激动的人群围在李冰的身边，他们纷纷表示要坚决拥护郡守制定的治水计划。

从此以后，蜀地为江神娶妻的陋俗就不复存在了，取而代之的是每年一度的斗牛盛会。蜀中的健儿们总是赤裸着强壮的上身，腰间缠着长长的绶带，捉对儿搏击角力，以此表达对李冰的纪念。甚至蜀地的百姓在为孩子取名时，也多以"冰儿"为称。

这则故事，最早记录在东汉应劭写的《风俗通》中，《水经注·江水》引用了这段故事。

父子锁龙伏龙观

灌江孽龙年年涌水泛滥,成都坝上百姓不得安生。玉皇大帝派李冰父子到灌县制服孽龙。李冰的儿子就是传说中的二郎神。

孽龙听说二郎来了,开始与二郎斗法。先是呼风唤雨,二郎就息风住雨;孽龙兴风作浪,二郎能踏波平浪;孽龙潜入深海,二郎也能下水追赶;孽龙腾空上天,二郎就驾云凌空;孽龙下到山巅,二郎仍紧追不放。面对二郎的攻击,孽龙慌了手脚,首尾难顾,被杀得须断爪折、遍体鳞伤。见势不妙,便夺路逃走了。

孽龙斗不过二郎,就使出变身术,幻化成一条汉子,回到岷江岸边,试图蒙过二郎的眼睛,伺机再战。这时,孽龙化身的汉子发现前面不远处的岸边上,有一位老者挑着一副担子,正在卖热气腾腾的担担面。孽龙早已十分疲乏和饥饿,几步蹿到担子前,抓起一碗碗面条就往嘴里倒。那卖面的老者微笑着没有开口,顷刻间,孽龙已经把七八碗面倒下肚了。

孽龙的饥饿感稍稍缓解了一些,正当细细地品味面的味道时,不料腹中一阵绞痛。孽龙大叫一声:"不好!"转身想走。不料它的嘴一张,刚吃下去的面条便化作一条条铁链,夺口而出,一下子把孽龙给缠住了,七绕八绕,捆得结结实实,孽龙再也不能动弹了。

李冰父子把孽龙锁在玉垒山下的一个深潭,从此,孽龙年年吐水灌溉田畴,再不能兴风作浪了。后来人们在这个深潭边修了一座庙,就是后来离碓山上的伏龙观。

当地传说,锁孽龙的铁链要年年更换,在每年的冬天,要打一条新的铁链,放入伏龙潭里。新的铁链放下去,旧的铁链浮起来。这样,孽龙才锁得住,才不会发生洪水灾害。

现实中,宝瓶口入水处确实曾有一条跨江悬空的铁索,两端固定在两侧山体上,这是一条求生用的铁索。过去,岷江上的木材漂运,都是将原木捆扎成大木筏,经内江穿过宝瓶口漂运到成都。由于宝瓶口前水流回旋汹涌,捆扎的木筏容易出险,所以在宝瓶口两侧横悬一条救生铁索。直到1953年,木材改用散漂,这条铁索才取消。

　　这则故事收录在清代陈怀仁编辑的《川主三神合传》中。

孽龙泪洒望娘滩

在很久以前,灌县的乡下住着一户姓聂的贫苦人家,家中只有母子二人相依为命。儿子是个有名的孝子,为了赡养老母亲,他每日以打柴草卖钱维持生计。

聂孝子的孝行感动了神灵,神灵特地赐给他一丛茂盛的青草。这丛青草十分奇特,它被割之后,就会立即复生,郁郁葱葱,鲜嫩无比。聂氏十分惊奇,就挖开了草下的泥土,结果发现了一颗硕大的宝珠。

他喜出望外,赶忙把珠子捧回家,交给了母亲。母子二人欣赏了一阵之后,便把宝珠放在盛米的箱子里。不料,第二天醒来时,米箱中原本浅浅的一层米却变得充盈。

母子二人这才觉出宝珠的神奇妙用,忙把宝珠取出,放到盛钱的柜中。不一会儿,钱柜里也变得满满都是钱了。从此,聂家就变得富裕起来了。

邻人见到聂家在短短的几日之间就富起来了,特别眼红,便悄悄地打探到了其中的奥秘。于是,一些心怀叵测之徒就来到聂家,缠着聂家母子要观赏这神奇的宝珠。心地淳厚的聂家母子便把珠子拿了出来。那些奸徒一见宝物,便蜂拥抢夺。

聂家儿子见状非常害怕,连忙把珠子藏在了口中。不曾想,一不小心,竟把这珠子咽到肚子里去了。过了一会儿,他就觉得口干舌燥,急忙跑到水缸前,咕嘟嘟地猛喝了一阵。谁知一连喝光了几缸水仍然没有解渴,他便赶快冲出人群,径直向江边跑去了。

聂母见状急忙在后面追赶,当她赶至江边时,只见不远处正伏着一个人在狂饮岷江的水,那人正是她的儿子。聂母正要上前去呼唤儿子,却发觉儿子的身子变化了许多。原来那颗宝珠在江水的作用下,开始发挥出它神奇的力量,把她的儿子化成了一条蛟龙。

聂母见到这种情况大惊失色,她疾步上前拉住儿子,但他除了一只脚外,全身上下都已经化成了龙形。聂母死死地抓住儿子,悲痛欲绝,放声痛哭道:"我苦命的孩儿,你可不要变成一条孽龙啊!"

人已经化成了龙身,自然是不可能再待在陆地上了。孽龙忍痛抛下了慈爱的老母,驾起波浪,顺江而下了。

江畔的母亲,声声呼唤着自己心爱的儿子,江水中的孽龙,也是难舍难分。它满眼含着热泪,不时地停下身来,频频回首凝望岸边的母亲。每一停顿,泪水就会化成一个河滩。他回首二十四次,身后的江中便留下二十四个河滩,仿佛是孽龙洒下的串串热泪。从此,江中便留下了被后人称作"二十四望娘滩"的奇特景观。

这个故事的另一个寓意是,大地养育了龙子,而龙子不孝,竟然掀起大水淹没了大地,所以称为孽龙。

这则故事收录在清代陈怀仁所辑《川主三神合传》中。

李冰曾在宋代显灵

李冰不仅在生前为民兴利除害,建树了不朽的功勋。升仙以后,还念念不忘蜀地百姓的灾痛疾苦,经常显圣,保卫着成都平原人民生命财产的安全。

宋太祖开宝五年(972年)八月,成都西北乌云密布,大雨倾盆。一时间,千里岷江,波涛汹涌,黑浪滚滚,席卷而下。不久,洪水就侵入了当时的府江,即今天的走马河,都江堰已岌岌可危。当时的灌县叫"永康军",地方行政长官叫"知军",永康军的知军是文宝。文宝和许多百姓都目睹了这场特大洪水,忧心忡忡,惶惶不安。

正当万分危急之时,忽听惊波怒涛之中,轰轰隆隆,犹如打雷一般。又远见江中涌起浪高十丈,一根好像大木材一样的东西,随着连天波涛漂了下来。走近一看,原来是一条大蟒蛇,头翘着,身子横起,拦在都江堰上。

当天夜里,人们听到,都江堰上人声喧天,又看到火把无数,任凭刮着狂风,下着暴雨,那火影全部熄灭。老百姓只知都江堰一带喧闹了一整夜,却不知究竟发生了什么事。

第二天天刚亮,老百姓到都江堰的江边去看,只见一条沙堤巍然屹立江中,汹涌澎湃的洪水,已驯服地沿南江流入新津江口。再到祭祀李冰的"李公祠"一看,之前祠内各处所插的彩色旗帜都是湿淋淋的。后来,知军文宝和当地百姓都听说,这场洪水,使嘉州、眉州一带遭受了严重的水灾,只有府江没有漫堤,成都安然无恙。纷纷传说这是李冰显圣,保佑平安。

这是北宋四川学者黄休复《茅亭客话》中记录的。

金鸡与芙蓉

古代有个叫芙蓉的姑娘,是农民的女儿,有十六七岁。芙蓉的家就住在蜀都城外一条河边。蜀都就是今天的成都。

芙蓉姑娘每天早晨到河边去淘米、洗菜,总能看见一条大鲤鱼在她附近游来游去。每次看见,她都会给鲤鱼一些米渣渣吃。日子一久,鲤鱼也习惯了,每天都会到河边等着芙蓉,他们就成了亲密的朋友。

一天,芙蓉淘过米,向鲤鱼点了下头,正转身要走,鲤鱼从水里伸出头来,喊了一声:"芙蓉姑娘。"然后显出一副很为难的样子。

"你能说话呀!"芙蓉回身蹲在河边。

"能。"鲤鱼说。

"你有什么话要说吗?是不是还没吃饱呀?"芙蓉

144

又要抓米。

"不是。我有一件大事要告诉你……"鲤鱼左右看看，没有旁人，才悄悄对芙蓉说："昨天晚上，我听见龙王说，蜀都原是他的海子，他决定在今年端午节，叫黑龙带领水兵，将蜀都淹没，吞掉全城百姓。还说，谁敢事前走漏半点风声，就要谁的命。"鲤鱼停顿了一下，叹了口气，接着说："姑娘，我告诉你了。你在端午节头一天，上山去躲躲吧。你千万不要向别人讲呀。说了，你我都活不成了。"

"真的吗？"芙蓉半信半疑。

"真的！三天以后就是端午节了，你快准备吧。"鲤鱼说完，身子一跃，沉下水去。

当晚，芙蓉姑娘躺在床上，翻来覆去，左思右想：向别人说呢，自己的生命难保。不说吧，眼睁睁看着全城的生命被洪水淹没……不能啊！她下定决心，立即起身告诉了大家。

于是一传十，十传百。到第二天，人们都按照商定的计划，开始做防范工作。修堤的修堤，开沟的开沟，城墙加固,城门紧闭,沙袋塞满城门洞。等到诸事停当了,芙蓉便同全城百姓出城,向地势较高的灌县西边奔去。人们纷纷来到二王庙附近,准备避难。

灌县西边的玉垒山上,有一年轻猎人,名叫金鸡。他不单练就全身武艺,还打得一手好弓弹,能百发百中。这时金鸡看到蜀都百姓纷纷来到这里,就前去询问。问明情由后,小伙子愤愤不平地说了句:"万恶的黑龙!"他准备好弓弹等,便转身登上山头,察看水势。

端午节那天,阴云密布,大雨倾盆,天都要垮下来了!

黑龙真的带着水涌向了蜀都。但发现人们早有准备,把黑龙气得够呛。待他查出是鲤鱼对芙蓉走漏的风声,便立即涌向灌口,指名要芙蓉出来获罪。

芙蓉姑娘准备挺身而出,却被众百姓拉住不放。

黑龙昂头大吼:"不献出芙蓉,我这头尾一摆,就能把这山、这地,瞬间变成汪洋大海,叫你们全都葬身鱼腹!"

这时,站在芙蓉身旁的金鸡,已经开始拉弓瞄准,正要发弹,芙蓉提前一步,顺手抽出了金鸡佩带的宝剑,跃入水中,直奔黑龙。金鸡一见,也赶忙"扑通"一声,跟着跳了下去。

山上的百姓,眼都不眨地盯着江中。只见那河水像烧开了一般,波浪翻腾。每个人都紧张得脚趾缩到了一起。

芙蓉和金鸡大战黑龙,难分胜负,一连斗了三天三夜。

最后,黑龙被金鸡打瞎了右眼,又被芙蓉砍去了半边颈项,连滚带爬地向岷江上游逃走。后来死在了高山河里,河水都变成了黑色。就成了现在的"黑水河"。

芙蓉也不幸受伤,最后不治,牺牲了。她的血浮出水面,化为了一朵朵美丽的芙蓉花,随水流回了成都。朵朵芙蓉花沿城外小河转了一圈,就化成了环城生长的芙蓉树。后人为纪念芙蓉姑娘,就把成都叫作"芙蓉城"。

金鸡坚持到了最后,他胜利了,并且把成都的人民安全送回家乡。为了纪念金鸡,现在的玉垒山上,有一座小山峰,就叫"斗鸡台"。

白龙池神话

出灌县,沿岷江而上二十余里,有一条汇入岷江的支流,叫龙溪河。

龙溪河畔,有一个白龙池。

传说,有位姓董的老人,在这里主持修建一座寺庙。他雇请了一个工头,专门负责完成这座寺庙的修建任务。

三年后,寺庙修好了,工人也走了,仅留下工头一人。姓董的老人付不起工头的工钱,只给了他一背篼刨花和一只小狗抵账。他还对工头说:"你回家的途中,如果狗不叫唤,你就把它带回去给你看屋子。若是叫唤,就给它喝些水。"

好心的工头也没有勉强,就告辞了老人,牵着小狗,缓步走到一个名叫龙洞子的地方。这时,小狗汪汪地叫起来。他就带小狗去龙洞子喝水。小狗趁机钻进了龙洞子，任凭工头怎么叫，也不出来。工头伤心了，把剩下的一背篼刨花也倒在了河滩上。

工头回到家中，蒙头就睡着了。半夜醒来，满屋子亮堂。母亲问原因，工头也回答不上来，于是起床寻找。原来是背篼上夹着的一片刨花变成了金子。工头将它取下来，一称重量，恰好，相当于修庙三年的工钱。工头可高兴了。

第二天，工头带着喜悦的心情，返回庙宇，感谢老人。只见寺庙已被河水淹没，形状像一个池子。他难过地说："我带领工人，辛辛苦苦修庙三年，如今寺庙却淹得一点儿影子也没有了。寺庙呀，寺庙，你哪怕重现一只角给我看看也好啊！"话音未落，河中真的显现出寺庙的一角，宛如白龙在池子里若隐若现。工头又到抛弃刨花的河滩去看，只见河滩金光闪闪，已不见刨花。从此，人们就称这里为"撒金坝"，又叫"沙金坝"。

白龙池的传说在民间传开后，人们认为是龙王显灵。因为龙溪河是岷江的一条支流，所以一遇上都江堰灌区天旱缺水，人们就敲锣打鼓，带上铁铳，到白龙池去"请水"，据说有求必应，特别灵验。有时候，请水的人还没下山，天上就稀稀疏疏地下起雨来。

人们感激龙王的赐雨之恩，就在白龙池修建了白龙庙。每年祭祀的人来来往往，络绎不绝，一直到近代，白龙庙的香火仍然很盛。特别是天旱的时候，都江堰灌区的人们一定会想到，派人到白龙池请水。

据说请水的仪式是，先在白龙庙祭拜龙王，然后用竹筒从龙池中带回一筒水，之后到杨祠庙祭拜，最后再到二王庙祭拜，遵守这个程序，一定会求到雨。雨后，还得带一筒水到白龙池，将水倒还龙池中，叫作"还水"。

二郎担山赶太阳

很久很久以前，西蜀被两条孽龙闹得田园荒芜，民不聊生。一条是水龙，兴风作浪，把平坝搅成汪洋泽国。一条是火龙，口吐烈焰，把丘陵熏成一片焦土。人们辛辛苦苦种下的庄稼，不是淹死，就是干死。百姓饿得皮包骨头，拖儿带女出外逃荒。

灌县有个李二郎，正当壮年，身材高大，行走如飞，立志为民除害。他先去苦战水龙，用铁链把它锁在孽龙潭底，令它吐水灌田。锁住水龙后，灌口东南的平坝，渠水长流，禾苗长得绿油油。

可是，灌口东北的丘陵山坡，还有火龙在逞凶。每当五黄六月，火龙便张开血盆大口，喷吐烈焰，把山岗的石骨子烤得火辣辣的。（石骨子，是四川地区对红色岩壤的俗称。）这山岗就叫"火石岗"。火石岗的草木枯焦了,庄稼烤死了,人们实在活不下去。

李二郎心想,孽龙会七十二变,都被我降服了,火龙又有什么可怕的呢。一定要再次制服火龙!

但是二郎没料到,火龙虽不善变,却很会隐蔽。每当太阳偏西,火龙就悄悄跟着太阳躲进沟谷。第二天,又卷土重来害人。二郎捉不到火龙,十分焦急。

一天,二郎忽发奇想:"我何不以龙治龙,利用水龙吐出的水去克制火龙呢?"于是,它决心担山造渠,把水龙吐的水,从宝瓶口引到丘陵,来制服火龙。为了抢在太阳偏西前,把水引到,他先是跑上玉垒山巅,寻来神木扁担,又奔向南山竹林,找来一副巨大的竹筐,一筐装上一座山。二郎弯腰一发力,一下就挑起了两座山,一步跨它十五里,快步如飞如神助。一趟一趟地担着,不知不觉,已经跑了三十三趟,担走了六十六座山头。

担山途中,不小心,有一个堆在筐顶的大石头滚落下来,就成了"走石山"。就是现在崇义地区环山平坝上那个孤零零的小石山。二郎歇脚时,担子轻轻往地上一放,抖落的泥土,也堆成两座小山。一个在灌县的柏条河右岸,叫"涌山";一个在左岸,叫"童子山"。担山的路上,二郎草鞋里沾满了泥沙,他脱鞋一抖,就抖出来一个大土墩,就是现在的"马家墩子"。

担呀,担呀,二郎抬眼一看,太阳快落坡了。他生怕火龙又溜走,便加快脚步,担起最后两座大山去追赶太阳。那火龙呢,也拉起架势,喷吐烈焰,想把二郎热死。二郎索性脱下衣服,赤着膀子,迈开大步跟在太阳后面,担山飞跑。肩上的神木扁担都压弯了,刚刚赶上太阳。忽然"咔嚓"一声巨响,震天动地,神木扁担断了。那扁担落在地上,就成了弯弯曲曲的"横山子"。

最后二郎终于担着山赶上了太阳,把宝瓶口的长流水引到了火龙盘踞的丘陵,火龙来不及溜到丘陵,就被淹住了。火龙不认输,还试着用力扳到丘陵,它每抬一次头,就拱起一些泥巴石头。火龙挣扎着抬了七次头,便一个挨一个地隆起了七个山头,形成了"七头山"。火龙终于精疲力尽,被源源不断的流水,困死在了山岗上。至今岗上的黄土层内,还能不时挖到红石骨子,传说那就是火龙的血染成的。再挖深一点,还可以挖到龙骨石,传说那就是火龙的尸骨。

二郎制服了火龙,荒凉的火石岗变成林木茂盛、稻谷丰收的好地方。过去从不飞来的仙鹤、彩凤也远远飞来了,人们兴高采烈地回到丘陵安家,把山清水秀、凤舞鹤飞的家乡,取名"绿凤树""仙鹤村"。他们感念二郎的功绩,在他新开的河边,遍栽常绿的柏条,并把那条新河称为"柏条河"。二郎担山赶太阳的神话,世代流传着。

二郎神的其他传说

二郎神的故事,因为《西游记》的描写而广为人知。《西游记》第六回形容二郎神:

> 仪容清秀貌堂堂,两耳垂肩目有光。
>
> 头戴三山飞凤帽,身穿一领淡鹅黄。
>
> 缕金靴衬盘龙袜,玉带团花八宝妆。
>
> 腰挎弹弓新月样,手执三尖两刃枪。
>
> 斧劈桃山曾救母,弹打棕罗双凤凰。
>
> 力诛八怪声名远,义结梅山七圣行。
>
> 心高不认天家眷,性傲归神住灌江。
>
> 赤城昭惠英灵圣,显化无边号二郎。

《辞海》解释说,二郎神是神话人物。在小说《西游记》《封神演义》和戏剧《宝莲灯》中都出现过。《宝莲灯》说二郎神是华山圣母三圣母的哥哥,住灌江口。小说里有的说二郎神叫杨戬,住灌口。《西游记》说,住灌江。现在对灌江、灌江口、灌口这些古地名解说不一。有一种说法,灌口就是指四川灌县,现在的都江堰市。有考证者认为,二郎神的故事是从李冰次子的故事演变来的,并推测灌县就是二郎神的家乡。

也有考证者认为,《西游记》描写的"二郎神大战灌江口",应该在江苏省盐城市响水县的灌河口。理由是,《西游记》的作者吴承恩曾乘舟顺灌河而下,渡黄海,至花果山一带实地采访。响水县灌河口与花果山近在咫尺。响水县灌河口附近的陈家港,过去曾叫二圣港,当地的民间传说,二圣港的"二圣"就是二郎神,孙悟空是大圣。1925年,二圣港改名陈家港。清末陈家港曾有二圣庙,供奉二郎神,今遗址尚存。《西游记》第六回中曾提到二圣庙。

实际上,在《西游记》小说成形前,二郎神的传说久已存在,并且传播很广,在许多文艺作品中都有反映。

元代有一出叫《二郎神醉射锁魔镜》的杂剧,描写二郎神与九首牛魔王、哪吒和金睛百眼鬼比试高低,最后拿住妖魔的故事。

早在1929年,历史学者容肇祖就写过《二郎神考》。认为大约在宋代,蜀人由祠祀李冰,发展为"祠祀李太守父子"。历史学者张政烺也作过类似考证,认为二郎神是将几种民间俗神,如李冰次子、赵昱、张仙、杨戬混合而成的。

《朱子语类》卷三记载了朱熹的看法:

论鬼神之事,谓:"蜀中灌口二郎庙,当初是李冰因开离碓有功,立庙。今来见许多灵怪,乃是他第二儿子出来。初间封为王,后来好道,谓他是甚么真君,遂改封为真君。向张魏公用兵,祷于其庙,夜梦神语云:'我向来封为王,有血食之奉,故威福用得行。今号为真君,虽尊,凡祭我以素食,无血食之养,故无威福之灵。今须复我封为王,当有威灵。'魏公遂乞复其封。不知魏公是有此梦,还复一时用兵,托为此说。

今逐年人户赛祭,杀数万来头羊,庙前积骨如山,州府亦得此一项税钱。利路又有梓潼神,极灵。今二个神似乎割据了两川。大抵鬼神用生物祭者,皆是假此生气为灵。古人衅钟、衅龟,皆此意。"

古代的绘画作品中,以二郎神搜山为题材的也很多。现在可以查到的,对这类作品的最早记载,是北宋郭若虚的《图画见闻志》。其中提到,画家高益画过《搜山图》,进贡给宋太宗,后被授予翰林待诏。《宣和画谱》也记载了黄荃、范宽等著名画家,都曾画过类似题材。

存世的这类绘画作品,大多采用长卷的连环图画形式,依次描绘二郎神搜山的经过。二郎神以武士或将军形象出现(图19),率领神兵神将,耀武扬威地搜索山林中各种妖怪。妖怪的形象,多是以现实存在或传说中的野兽为原型创造的,有虎、熊、豕、猴、狐狸、山羊、獐、兔、蜥蜴、蛇、树精、木魅等形象。他们在神兵神将的追逐下,或仓皇逃命,或藏匿山洞,或幻化为人间女子。那些神兵神将,则手持刀枪剑戟,纵鹰放犬,前堵后截，使妖怪无处逃身。

下页图选取的是美国波士顿美术馆收藏的明代《二郎神搜山图卷》的一部分。画面右侧是二郎神，左侧是他率领的神兵神将。按画面顺序，这部分表现的是二郎神正在发布命令，神兵神将整装待发，即将开始搜山。

图19　美国波士顿美术馆收藏的明代《二郎神搜山图卷》局部

第四章

名胜古迹和节日

都江堰 2000 年被联合国教科文组织列入 "世界文化遗产" 名录，2018 年列入世界灌溉工程遗产名录。都江堰还是全国重点文物保护单位，国家 5A 级旅游景区。

　　都江堰风景区的最重要景观，是现在还在造福成都平原的都江堰渠首工程群，包括鱼嘴分水堰、飞沙堰、宝瓶口等工程。其次是一些人文历史和自然景观，包括二王庙、伏龙观、离碓公园、安澜索桥、玉垒关、松茂古道口、玉垒山公园等。

二王庙古建筑群

二王庙建筑群坐落在都江堰市西门外的玉垒山麓，是都江堰人文历史景观的重要组成部分。二王庙所在地原是纪念蜀王杜宇的"望帝祠"。南北朝时，"望帝祠"迁到了郫县，就是现在的成都市郫都区。这里改名"崇德祠"。宋代，李冰父子相继被敕封为王，崇德祠改为"王庙"。清代定名为"二王庙"。

现在的二王庙是建在地势狭窄处的一组立体的建筑群，占地面积不大，依山傍水，上下落差六十多米。在狭窄的空间，修建了建筑面积六千多平方米的楼堂殿阁，可以说是五步一楼，十步一阁，变幻莫测。

二王庙有两个山门，一东一西。进入山门，沿石阶而上，是建在通道上的乐楼。这是一个精巧的清式道教建筑。清代，每逢清明节放水，要举行隆重的"放水典礼"，成都大员到来时，这里就会奏乐迎接。

二王庙的主体建筑是李冰殿和后殿。其中供奉着现代塑造的李冰夫妇像。李冰殿在一座四合院式建筑中，殿对面是戏楼。每年的农历六月二十四，是二王庙庙会日。明清时期，每到这一天，这里都要唱戏。当地人赶庙会，敬神、祈福、看戏，是这一天的主要活动。1992年，庙会恢复。

二王庙里，现有存放商代古木和供奉元朝治堰功臣吉当普的亭阁，还有文物陈列室，道符碑等。据说道符碑上的符号有降魔镇妖的意思。蜀中向来是道教圣地，从二郎神传说的发展过程中，也可以看出道教的影响。二王庙又名"玉垒仙都"，自然也与道家有关。

二王庙的正门上，是冯玉祥1941年来都江堰时题写的"二王庙"大字匾额。往下走，石阶旁的摩崖上雕刻着著名的"深淘滩，低作堰"六字诀和"遇弯截角，逢正抽心"的八字格言。

位于二王庙西侧的秦堰楼，是一座巍峨的五层重檐建筑。这里原是观景台，是玉垒山上由东向西，也就

图20 1934年庄学本拍摄的二王庙大门

是从都江堰的尾部向渠首方向纵览全景的最佳位置。
1958 年 3 月 21 日，毛主席视察都江堰时，曾站在这个
位置纵览都江堰。现在二王庙和伏龙观里，都陈列着
毛主席在这个位置留下的照片。

伏龙观和堰功道

伏龙观在都江堰离碓的北端,创建年代已不可考。传说李冰父子治水时曾制服岷江孽龙,将孽龙锁在离碓下伏龙潭中,后人依此立祠纪念。北宋初改名伏龙观,道士掌管香火。

伏龙观有殿宇三座,前殿正中,矗立的就是在鱼嘴外江河道出土的东汉李冰石像。像高 2.9 米,重 4.5 吨,石像前襟和袖间有三行隶书铭文。这尊石像现已被评定为国家一级文物,也是研究李冰和都江堰的最重要文物。李冰石像之外,伏龙观还陈列有东汉堰工石像、飞龙鼎以及都江堰灌区的电动模型。

伏龙观大门左侧,是毗邻宝瓶口而建的离碓公园。园中的堰功道旁,立有十二尊历代维护都江堰的功臣雕像,依次是:

（1）西汉时期，在都江堰地区创办学校、扩大灌区的文翁。

（2）三国时期，调征士兵保护都江堰，并设堰官管理的蜀国丞相诸葛亮。

（3）唐代，动员堰区人民兴修水利工程的高俭。

（4）唐代，大量开发下游渠道、扩大灌区面积的章仇兼琼。

（5）宋代，主持修复都江堰工程的成都知府刘熙古。

（6）宋代，恢复岁修工程的永康军知军赵不忧。

（7）元代，以铁石结构替代竹石结构改建堰体的吉当普。

（8）明代，总结治水经验、恢复传统护堰技术的卢翊。

（9）明代，再次使用铁石结构改建堰体的施千祥。

（10）清代，恢复都江堰功能的阿尔泰。

（11）清代，恢复岁修制度的强望泰。

（12）清代，"易笼为石"、重建大小鱼嘴的丁宝桢。

松茂古道和玉垒关

松茂古道长六百多里，属于由蜀入藏的茶马古道之一。

茶马古道有两大分支，一支是由滇入藏的茶马古道，一支是由蜀入藏的茶马古道。由蜀入藏的这一支，有三个源头，大致为：

（1）从都江堰出发，经紫坪铺镇分东西两线入藏的松茂古道。

（2）从邛崃出发，沿景沟村，经雅安芦山入藏、入滇的古道。

（3）从蒲江出发，往北接邛崃一线，往南经丹棱，在雅安名山中转入藏的古道。

松茂古道的"松"是松潘，"茂"是茂县。松潘县，现在是四川阿坝藏族羌族自治州辖县。

藏区牧民的饮食中严重缺少维生素C及膳食纤维，所以"不可一日无茶"。茶叶是藏区牧民千百年来的民生必需品。但西藏不生产茶叶，全靠内地供应。早期牧民获得茶叶，全靠用藏区特产牲畜来换，由此形成了西部汉藏民族间的茶马互市传统。茶马古道就是茶马互市的商道，也是内地茶叶的输出线。唐代，茶马互市形成规则。宋代，进一步完善，设置了官方机构，专职管理茶马交易。

　　松茂古道的历史可以追溯到宋代以前，古称"冉駹（máng）山道"。在唐代与吐蕃茶马互市时，这条古道就是北接川甘青边区，南接川西平原的商旅通衢和军事要道，同时它还是川西少数民族地区经济、文化的重要走廊，是联结藏、羌、回、汉各族人民的纽带。更早的历史，需要考察凿通龙溪、娘子岭，连接冉駹山道的地理信息。

　　都江堰的松茂古道口，在都江堰市西郊玉垒关一带，是一大片景区。从都江堰市玉垒山公园向西穿过城隍庙，沿山路步行约十五分钟，就是灌县古城的西北

城门西关。登上西关门楼,沿城墙往江边方向走,可到
"斗犀台"。《风俗通》所说李冰化身青牛斗江神的故事
大致就发生在这里。但是在乾隆《灌县志》图里,这个
斗犀台标注为"斗鸡台"。

出西关门楼再向西不远,就是玉垒关,玉垒关也叫
"七盘关""镇夷关"。在乾隆《灌县志》的图上,画出了
镇夷关的大致位置。这里是古代川西平原的重要关隘,
大致也就是松茂古道的起点了。

唐代诗人杜甫到此曾作《登楼》:

花近高楼伤客心,万方多难此登临。

锦江春色来天地,玉垒浮云变古今。

北极朝廷终不改,西山寇盗莫相侵。

可怜后主还祠庙,日暮聊为《梁甫吟》。

大意是:远离家乡来到这里,触目伤心,现在正是
多灾多难的时刻。锦江春色铺天盖地,玉垒山上的浮
云变幻莫测。朝廷如北极星一样不会改变,西方的寇

盗就别再添乱了。蜀后主那样的人还在祠庙中供奉着，下山后也只能写写诗歌而已。其中的"锦江"，就是"李冰穿二江"中的检江成都段。《梁甫吟》是一首古乐府，传为诸葛亮所作，大致讲述了一桩冤案。

玉垒关早在三国时期就已经作为城防，不过那时的玉垒关十分简陋。有规模的建关是在唐代贞观年间。当时唐与吐蕃之间处于战争与和平的交替时期，朝廷在川西和吐蕃接壤的通道上，设置了许多关隘作为防御屏障，玉垒关就是其中之一。现在玉垒关门楼上还书有"川西锁钥"四个大字。

安澜桥

安澜桥,俗名索桥,又名夫妻桥。古人为沟通岷江两岸的交通,曾在鱼嘴分水堰空中架设溜索,两端固定在两岸的山体上。溜索是一根竹索,上有铁环。行人挂上铁环,用绳子系住身体和随身携带的物品,利用竹索自然下垂的弧度,飞滑下去,过半江后,再以手拉竹索前进,直到对岸。

由于溜索不能满足来往行人的需要,在溜索的基础上,后人又曾架设立桩悬挂式索桥。索桥始建于何时,已不可考。宋代有个叫梁楚的大理评事对这架桥修护过一次,后来叫评事桥,以后又有珠浦桥之名。宋代范成大在《吴船录》中曾记载:

桥长百二十丈,分为五架。桥之广十二绳排

连之,上布竹笆攒立大木数十,于江沙中輋石固其根。每数十本作一架,挂桥于半空。大风过之,掀举幡然,略如渔人晒网,染家晾丝帛之状。必须舍舆疾步,稍从容则震掉不可立,同行皆失色。

索桥在明朝末年被战火烧毁,一时无力重建。岷江都江段两岸行人,只能靠摆渡船过河。

清嘉庆年间,贵州大定府毕节人何先德夫妇来灌县,在二王庙附近的古寺教私塾,目睹行人过河艰难。于是查勘地形,亲自设计,上书县衙,立志修复索桥。当时的灌县知事吴宁应允,并给予很多帮助。

何先德夫妇重建时,利用了留存的索桥基础,又在索桥两侧加纬绳十余条,用于扎紧桥板,帮助过桥者攀抓依附。建成后,利济万人,使当地过往行人每每安澜无虞,故名安澜桥。为了纪念何先德夫妇,人们也把它称为夫妻桥。

民国时期,曾设安澜局事,专门管理索桥,每年岁修一次。

图21　1911年美国人路得·纳艾德拍摄的安澜索桥远景

1949 年后，当地政府将索桥木桩改为混凝土支架，换竹索为钢缆。1974 年，修建都江堰渠首枢纽工程时，将索桥下移了百余米，新建了桥头堡。新建的安澜桥桥头堡，现在是纵览都江堰景观的观景点，许多中外要人曾在此留影。

都江堰开水节

都江堰区每年清明节都要举行开水节庆祝活动。开水节又称放水节，清代时称为祀水礼，这个节日源于远古时期对水神的祭祀。从李冰建堰成功后，祭祀水神就改成了祭祀李冰。祭祀李冰改为开水节，是在宋太宗太平兴国三年（978 年）。算起来，这个民俗活动已相沿一千多年了。

都江堰每年的岁修工程，以清明节放倒内江渠首的杩槎临时围堰宣告结束，放倒杩槎，相当于开堰放水，内江灌区就可以开始春灌了，所以这个仪式叫作"开水"。人们要在渠首举行仪式庆祝。

古代开水春灌时，通常要由总督、巡抚等大员主持大典，担任主祭官。开水的前一天，主祭官从成都启程，途中要到望丛祠祭拜古代蜀国治水有功的望帝和丛帝。望丛祠在现在成都市郫都区西南,郫都区就是过去的郫县。当晚,主祭官住灌县行台衙门。第二天清晨,开水活动正式开始。大型鼓乐队和仪仗队在前面引路,主祭官坐轿,随从抬着丰盛的祭品。他们先到伏龙观,再沿着玉垒山古驿道,出宣威门和玉垒关转一圈,再到二王庙祭祀李冰父子。

据记载,清代规定祭祀李冰的礼仪是:牲用少牢,祭列九品,主祭官穿公服,行二跪六叩礼。宣读祝文:

唯神世德,兴利除患。作堋穿江,舟行清晏。灌溉三郡,沃野千里。膏腴绵洛,至今称美。盐井浚开,蜀用以饶。石人镇立,蜀害以消。报崇功德,国朝襃封。兹值春灌,理宜肃恭。尚飨。

二王庙祭礼完毕之后,官员们来到堰功祠,瞻仰历代修堰有功者的塑像。最后来到杨四庙前内江边的彩棚内正式开水。古堰两岸和盘山路上,挤满了观看开水的人们。

　　主祭官号令一下,顿时锣鼓喧天,火炮齐鸣。几个剽悍的堰工纵身跳上内江的拦河杩槎,挥动利斧,砍断盘杠结点的竹索,用大绳系住"杩脑顶"。岸上十多个大汉接过扯杩大绳,拉倒杩槎。

　　拦河杩槎解体后顺势倒在江中,江水犹如脱缰的野马,从渠口涌入内江。堰工们一边吼着开水号子,还要一边手执竹竿向水头打几下,告诉水头:不要打坏良田,不要冲毁桥堰,顺流顺轨,为民造福。

　　两岸的群众面对滔滔春水,欢欣鼓舞。年轻人拼命地沿江疾跑,欢呼雀跃,不断用小石子向涌水前端的浪头掷去,这叫"打水脑壳"。如果有人打中水脑壳,一年便能顺顺利利、无痛无灾,坝子上也能风调雨顺。老人们则会到坝下舀"头水",祷祝五谷丰登。

　　开水后,主祭官员必须立即坐轿或者乘车,飞奔回成都。他们要赶在"水头"前到达,如果他们落在水头之后,好像就不吉利。当时有位叫山春的文人,写了一首《灌阳竹枝词》,描述开水盛况:

　　　都江堰水沃西川,人到开时涌岸边。

喜看杩槎频撤处,欢声雷动说耕田。

　　意思是:都江堰的水在西川的地方较为充沛,待到开水时,人们便聚集在河岸边,高兴地看着拆除杩槎,在欢声笑语中谈论着即将开始耕种的农事。

　　民国时期,习俗相沿,"开水"由省府和水利厅主要官员主持。后来在都江堰渠首各个主要工程竖立高八尺、宽一丈的工程解说牌。二跪六叩礼改为对李冰神像三鞠躬。全体参祭人员齐声朗诵《迎神词》:

　　　　曾曾小子,胚胎黄农。长被泽流,永赞神功。
　　　　神之格思,百福所赐。作之述之,为万世利。

　　随从人员将鲜花捧送主祭官,齐唱《纪念歌》。歌词是:

　　　　系维我祖溯炎农,禹州稷谷,大国奋为雄。逿迤被泽,敷崇殷中。民福国利,粮食是先锋。大造生产,川人果腹庆丰年,足食足兵齐推重。青城八百里,都江十七县,维王建奇功!

歌毕,献花、献帛、献爵,然后奏乐鸣炮放水。

1950年的清明节,举行新中国成立后首次开水典礼。川西北临时军政委员会副主任李井泉主持庆典,奏乐鸣炮,剪彩放水。英国《泰晤士报》曾作为重要新闻加以报道。

1957年以后,都江堰岁修措施不断改进,修建了电动钢制闸门,可以随时启闭。都江堰内江从此不再断流,砍杩槎放水的仪式也随之结束。

1990年,都江堰市为了弘扬民族传统文化,决定恢复传统的开水节。1991年的开水节增加了仿古仪式,同时举办清明艺术节和灯会、花会等庆祝活动。

(本节据王纯五《都江堰放水节》摘编)

(除了书中提到的现代学者的著作外,本书主要参考了1983年版《灌县都江堰水利志》,1985年版《中国水利史稿》,1998年版《中国科学技术史·人物卷》中艾素珍著《李冰》一文。)